Réussir sa mobilité dans la fonction publique

Chantal Perrin-Van Hille
Formatrice et consultante dans la fonction publique

Formation Administration
Concours

Département des ressources
et des conseils éditoriaux dirigé par
Bernard Boulley

Collection dirigée par
Claire-Marie Buttin

Conception graphique
Michelle Chabaud

Mise en page
Éliane Rakoto

Dans la série FAC Mémo

L'entretien avec le jury
Chantal Perrin-Van Hille

L'Europe aux concours
Michel Dumoulin

Les questions sociales aux concours
Suzanne Maury

La GRH dans la fonction publique
Suzanne Maury

La dissertation de culture générale
Pierre Molimard

Le résumé de texte aux concours
Marie Berchoud

La RAEP dans les concours
Yolande Ferrandis

ISBN : 978-2-11-008278-7
ISSN : 1152-4235

Sommaire

Présentation

Si vous avez ce « Mémo » entre les mains, vous êtes probablement dans l'une des situations suivantes :

– vous envisagez une mobilité mais c'est encore un projet assez vague ;
☞ la lecture du chapitre 1, « Réunir les meilleures conditions pour réussir », vous aidera à donner corps à votre projet ;

– vous avez démarré votre projet et vous commencez à faire acte de candidature à des offres ;
☞ selon votre stade d'avancement, vous pourrez piocher des idées dans les chapitres 3, 5 et 6 traitant du curriculum vitae, de la lettre de motivation et de l'entretien ;

– vous n'avez rien projeté mais la décision de fermeture de votre service est prise et une cellule de reclassement vous a déjà sollicité pour obtenir votre curriculum vitae ; les choses se précipitent : votre mobilité est subie ;
☞ le chapitre 3 vous donnera des informations pour parer au plus pressé : la rédaction du CV ; l'idéal serait de prendre le temps de lire le chapitre 2 pour réaliser un auto-bilan de votre carrière ;

– vous n'aviez pas vraiment de projet mais un changement se profile. Par exemple, les missions du service vont être modifiées ou le service sera délocalisé… rien de bien précis encore mais vous préférez anticiper ;
☞ vous avez le temps de lire les chapitres 1 à 5 pour déployer une stratégie et en tirer des bénéfices.

La mobilité, c'est changer de poste au sein d'un même ministère ou dans un autre. C'est une démarche qui exige du temps, de l'organisation et de l'énergie.

Cet ouvrage vous propose de canaliser votre énergie en vous appuyant sur une **méthode progressive**.

☞ Les chapitres 1 et 2 (« Réunir les meilleures conditions pour réussir » et « Réaliser un auto-bilan de carrière ») traitent de l'amont de votre recherche d'un nouveau poste. Comme un sportif, vous allez vous préparer techniquement et mentalement.

☞ Les chapitres 3, 4 et 5 décrivent les outils dont vous avez besoin : analyser une offre, rédiger un CV et/ou une lettre de candidature (ou de motivation).

☞ Le chapitre 6 traite de l'entretien : comment vous y préparer et comment vous comporter.

☞ Enfin, le dernier chapitre vous fournira quelques conseils pour l'aval de l'entretien, c'est-à-dire ce qui va suivre.

Avertissement : dans cet ouvrage, nous utilisons le terme « recruteur » pour désigner la personne qui publie une offre et/ou reçoit votre CV ainsi que votre lettre de motivation et/ou vous reçoit en entretien. Ce recruteur est, selon les cas, une personne du service des ressources humaines, ou un chef de service, ou encore votre futur responsable direct.

Chapitre I

Réunir les meilleures conditions pour réussir

Dans ce chapitre, nous commencerons par réfléchir sur le concept de mobilité.

Ensuite nous vous proposerons de mener **votre projet** de mobilité avec une stratégie qui vous permette d'augmenter votre probabilité de succès.

➤ A quoi ressemble le **succès** dans ce domaine ? C'est non seulement avoir changé de poste mais aussi s'y sentir bien et même, pour certains d'entre vous, y trouver confirmation qu'il constitue bien un tremplin pour continuer à faire progresser votre carrière.

➤ Développer une **stratégie** exige de s'accorder une phase de préparation. Vous trouverez dans ce chapitre des thèmes de réflexion, des suggestions et des outils. Vous ferez votre choix, vous adopterez ce qui est susceptible de vous aider.

Qu'est-ce qu'une mobilité ?

La mobilité, c'est changer d'emploi. Un emploi est une situation de travail dans une organisation donnée.

La mobilité peut présenter diverses formes :
- fonctionnelle pour un changement d'emploi (de métier) dans le même service ;
- géographique pour un changement de lieu ;
- structurelle pour un changement d'administration.

Bien entendu, une même mobilité peut réunir plusieurs formes.

Le cadre de la mobilité dans la fonction publique

La loi n° 2009-972 du 3 août 2009 « relative à la mobilité et aux parcours professionnels dans la fonction publique » a donné un nouveau cadre à la mobilité ; elle poursuit trois grands objectifs :
- lever tous les obstacles statutaires et financiers à la mobilité ;
- créer les conditions qui permettront d'assurer la continuité et l'adaptabilité du service ;
- moderniser les pratiques de recrutement et de gestion des ressources humaines dans la fonction publique.

Pour en savoir plus, consultez le site www.fonction-publique.gouv.fr.

Les trois dimensions d'une mobilité

Une mobilité présente trois dimensions.

La dimension objective

La dimension objective correspond à l'« origine » de la mobilité.

➤ **Un premier type d'origine : la volonté** de prendre en main sa carrière pour rompre avec la routine, acquérir de nouvelles compétences et connaître un nouvel environnement professionnel.

Certains voient plus loin : c'est une étape dans un projet de carrière afin d'atteindre une certaine catégorie de poste, dans un certain délai.

D'autres ont une préoccupation d'« employabilité », c'est-à-dire d'entretenir leur « valeur » sur le « marché du travail ». Ils réalisent une veille permanente sur leur métier et son évolution. Ils cherchent constamment à acquérir de nouvelles compétences pour être opérationnels dans les structures les plus évoluées. Leur décision de mobilité a pour objectif de garantir leur mobilité géographique ou structurelle future avec une pérennité dans le métier.

Nous traiterons la notion d'objectif plus bas, voir page11.

Cette première origine donne lieu à une « **mobilité choisie** ».

■ *Exemples*

1. Compte tenu du caractère très évolutif de leur domaine d'activité, les informaticiens ont en général cette préoccupation d'employabilité.
2. Voici l'exemple du parcours d'un agent : celui-ci avait plusieurs missions, dont l'une consistait à assurer les achats. Il appréciait cette activité mais s'était rendu compte qu'elle se professionnalisait, du fait de la centralisation des achats. Il a voulu faire une mobilité pour intégrer un poste d'acheteur à part entière ; il a suivi une formation et peut maintenant espérer rester dans cette fonction car il s'est professionnalisé.

➤ **Un second type d'origine : la contrainte**

Certains ne choisissent pas de réaliser une mobilité : fermeture d'un service, fusion avec un autre, obligation de mobilité après la réussite à un concours, mutation du conjoint, emploi à durée limitée (par exemple, six ans pour un formateur interne).

Cette mobilité est dans un premier temps « **subie** ».

La dimension émotionnelle

➤ **En cas de mobilité choisie :** la mobilité entraîne des prises de décision qui suscitent des émotions.

La première décision est de quitter un poste connu (doté d'avantages mais aussi… d'inconvénients clairement identifiés et gérés) pour aller vers l'inconnu. C'est un changement.

Chaque individu a une réaction spécifique vis-à-vis du changement ; pour certains, c'est un plaisir récurrent mais à l'inverse, pour d'autres, c'est une opération pénible, voire angoissante ; pour ces derniers, les paragraphes qui suivent ainsi que le chapitre 4 (analyser une offre) devraient constituer une aide.

La seconde décision consiste à dire « oui » à un nouveau poste. C'est accepter de « faire le deuil » d'autres éventuelles propositions et accepter aussi les aléas inhérents à toute décision : même au terme d'une réflexion sérieuse, il est impossible de tout maîtriser !

➤ **En cas de mobilité subie :** la première émotion est forte ; c'est un cocktail, dosé différemment selon les individus, de surprise, de colère et de tristesse. A cela vient s'ajouter la frustration de ne pas avoir pu choisir.

Ensuite s'ajouteront les émotions citées plus haut et associées au départ et à la prise de décision à propos du nouveau poste.

La dimension pratique

Quand réaliser votre mobilité ?

➤ En cas de *mobilité choisie,* vous décidez du moment où vous allez lancer le processus ou bien vous saisissez une opportunité : création d'un nouveau service, apparition d'un nouveau métier, vacance d'un poste qui semble intéressant…

➤ En cas de *mobilité subie* : nous vous conseillons de lancer vos recherches le plus rapidement possible. Évitez de tomber dans le piège du déni ou de la « politique de l'autruche » qui met la tête dans le sable et attend… (*« Peut-être pourrai-je quand même rester ? »*, *« Il n'y a pas d'urgence »*, *« Il y aura toujours quelque chose pour moi »*, etc.).

Si vous attendez trop longtemps, vous risquez d'être acculé à accepter un poste peu intéressant. Alors, prenez rapidement les choses en main. Mettez au point une stratégie (cet ouvrage vous y aidera). De plus, entrer dans l'action améliore le moral !

Où trouver des postes à pourvoir ?

– Sur l'intranet de votre ministère, si vous voulez y rester.

– En vous rendant au « Forum de la mobilité », si votre administration en organise un. L'organisation s'inspire du *« speed dating »* : les recruteurs, réunis dans un lieu unique pour quelques heures, publient leurs offres. Les candidats peuvent immédiatement se présenter avec leur CV ; l'entretien est très court, de cinq à sept minutes. A l'issue de celui-ci, les deux interlocuteurs décident de prolonger ou non la prise de contact par un entretien ultérieur, sur rendez-vous.

– Vous pouvez également vous rendre au Salon de l'emploi public qui se tient chaque année à Paris, généralement en mars, pendant trois jours. De très nombreuses administrations, d'État comme des collectivités territoriales, sont présentes et font connaître leurs besoins en matière de recrutement. Certains entretiens se déroulent même sur place.

– En consultant la Bourse interministérielle de l'emploi public, si vous voulez changer de ministère (www.biep.gouv.fr). Par celle-ci, vous avez aussi accès aux bourses régionales interministérielles de l'emploi (BRIEP).

Vous pourrez non seulement consulter les offres mais aussi créer votre « espace candidat » avec une sélection de critères, et vous inscrire pour recevoir des alertes hebdomadaires.

Donnez-vous un objectif

Dans la présentation de cet ouvrage, nous avons défini ce que peut être la réussite dans le domaine de la mobilité : avoir changé de poste, certes, mais aussi s'y sentir bien et même, pour certains, avoir confirmation que ce poste constitue bien un tremplin pour continuer à faire progresser sa carrière.

Nous vous proposons, à cet égard, de commencer par vous donner un objectif.

Pourquoi un objectif?

« Il n'y a pas de vent favorable pour qui ne connaît pas son port », disait Sénèque.

Autrement dit, si vous possédez le plus beau bateau du monde et qu'au milieu de l'Atlantique, vous ne savez pas si vous voulez aller vers l'Amérique ou vers l'Europe (vous n'avez donc pas d'objectif précis), le bateau comme les vents ne vous seront d'aucune utilité.

Voici les bénéfices que vous pouvez attendre de la formulation d'un objectif :
– il fera naître ou renforcera votre motivation ;
– il sera « réducteur de complexité » : si vous savez où vous voulez aller, l'environnement s'ordonne. Vous êtes en mesure d'y détecter les éléments qui vous sont favorables, c'est-à-dire saisir les opportunités. Vous avez aussi plus d'énergie pour faire face aux obstacles ;
– au cours du cheminement, vous pourrez mesurer votre progression, et cela entretiendra votre motivation ;
– enfin, l'objectif fixé vous aidera à prendre une décision mieux adaptée et ainsi à réduire le risque de déception. Il suffira de vous poser la question : *« Ce poste correspond-il à mon objectif ? »* Vous pourrez la poser deux fois : d'abord pour décider de candidater ou non sur un poste, puis pour décider de le prendre ou non, en cas de réponse favorable du recruteur.

Première étape : avoir une vision

➤ De quoi s'agit-il ? Il s'agit de se laisser aller à rêver pour voir se dessiner la situation souhaitée. C'est une image qui ne vous engage pas.

➤ Comment faire naître la vision ? Dans un moment de détente, laissez venir des images, tout simplement, sur le thème « mon prochain poste ». Elle se dessinera au moment où vous accepterez de laisser tomber vos freins habituels *(« oui mais.... »)*. Vous pouvez reprendre plusieurs fois votre vision pour la préciser.

➤ Pourquoi une vision ? Parce qu'elle fera naître votre motivation (au sens de « moteur ») pour passer à l'étape suivante : la définition de votre objectif qui, lui, vous obligera à vous confronter à la réalité.

Deuxième étape : définir un objectif

Pour définir l'objectif, quatre éléments entrent en interaction

	Votre vision
La connaissance de l'environnement	
	Votre bilan de carrière
La prise en compte des composantes d'un poste	

En voici le détail :

➤ **Votre vision :** nous avons vu précédemment qu'il s'agit d'un préalable.

➤ **La connaissance de l'environnement :** la fonction publique (au sens large – vous savez qu'il existe trois fonctions publiques en France) évolue rapidement. De nouveaux métiers ont fait leur apparition (exemples : contrôleur de gestion, secrétaire général, acheteur public, auditeur comptable et financier...). De nouvelles structures sont nées (par exemple, les centres de services partagés ou CSP, les services facturiers, les cellules immobilières, les missions qualité, etc.), d'autres sont en voie de disparition. Certains postes ont été étoffés et professionnalisés (par exemple, celui de conseiller formation). Renseignez-vous. Soyez curieux. Consultez l'intranet, lisez les journaux internes, faites fonctionner votre réseau et ouvrez les oreilles... Établissez une sorte de veille, sortez du cadre habituel et « évident ».

■ *Exemple*

Un fonctionnaire avait travaillé ponctuellement en « mode projet » dans le domaine des ressources humaines. Son objectif était de pouvoir continuer à travailler selon ce mode. Il y avait apprécié, entre autres, la collaboration avec des professionnels d'horizons divers, le défi de créer quelque chose de nouveau dans un délai contraint, en résumé le caractère « non administratif » de sa mission. Aucune opportunité n'apparaissait dans le domaine des RH mais il en a découvert une dans un service immobilier, domaine nouveau pour lui et où ses compétences ont été appréciées.

Vous connaîtrez d'autant mieux votre environnement si vous avez un **« réseau ».** Nous reviendrons sur cette notion à la fin de ce chapitre (voir page 23).

L'expression vous choquera peut-être, mais il faut aussi que vous sachiez comment se présente le « marché de l'emploi » dans la fonction publique.

➤ **Votre bilan de carrière :** ce bilan vous permettra d'évaluer vos compétences et d'estimer la pertinence de vous porter candidat à une offre. Il fait l'objet du chapitre suivant.

➤ **La prise en compte des composantes** que vous jugez essentielles dans un poste : un emploi présente beaucoup de facettes. Le schéma ci-dessous vous présente cinq composantes, elles-mêmes déclinées en sous-composantes. Les composantes précédées d'un astérisque sont explicitées sur la page suivante.

▸▸ Exercice

Nous vous proposons de sélectionner les quatre ou cinq composantes les plus importantes pour vous ; elles seront vos critères de choix pour éclairer vos décisions.

Vous pouvez ensuite concrétiser visuellement votre réflexion sous la forme d'un diagramme. Vous en trouverez une illustration un peu plus loin.

5 composantes → critères de choix

1. Compétences

– * Sentiment d'utilité
– Opportunité d'utiliser mes compétences
– Opportunité d'acquérir des compétences
– Opportunités d'évolution de carrière

2. Relationnel

– Former
– Aider
– Convivialité
– Travaux en équipe
– Diversité des contacts

3. Modalités d'exercice de la fonction

– Autonomie
– Initiative
– * Créativité
– Responsabilité

4. Axe personnel

– Proximité avec mes propres centres d'intérêt
– Adéquation avec mon état de santé
– Compatibilité avec ma vie privée
– * Développement personnel

5. Image et positionnement

– * Perception de la stratégie
– Fierté d'appartenance

* Les rubriques précédées d'un astérisque sont explicitées sur la page suivante.

Des éclaircissements sur certaines composantes

* Le sentiment d'utilité : c'est le fait de pouvoir mesurer régulièrement les effets de son travail, quantitativement et/ou qualitativement.

■ *Exemples*

– Je peux visualiser et même compter quotidiennement le nombre de dossiers traités.
– Ou : les usagers me remercient quand j'ai correctement répondu à leurs besoins.

* La créativité : il ne s'agit évidemment pas d'une créativité artistique mais de savoir imaginer des solutions adaptées pour résoudre des problèmes.

* Le développement personnel : il s'agit de développer son potentiel en saisissant les opportunités pour s'affirmer vis-à-vis des autres.

■ *Exemples*

Intervenir dans des réunions ou même les animer, proposer, agir par délégation, prendre des décisions, animer des formations...

* La perception de la stratégie : c'est être en permanence au courant des orientations du ministère, de la direction ou du service. C'est le cas si vous travaillez au sein d'une direction générale ou d'un service d'état-major.

Vous pouvez concrétiser visuellement votre réflexion à l'aide d'un **diagramme**.

■ *Exemple*

Vous trouverez page 16 le diagramme à cinq branches mis au point, après trois années d'expérience, par un jeune agent. Il souhaitait évoluer tout en restant un père disponible pour ses enfants.

Notre jeune professionnel vient d'avoir un entretien. Il en fait le bilan avec son diagramme.
Sur chaque branche, chaque trait matérialise un niveau :
– niveau 4 : composante très assurée,
– niveau 3 : composante assurée,
– niveau 2 : composante probable,
– niveau 1 : composante inexistante.
Vous remarquez que l'appréciation « moyen » n'a pas été retenue afin de s'obliger à trancher plus clairement.

Diagramme après un premier entretien

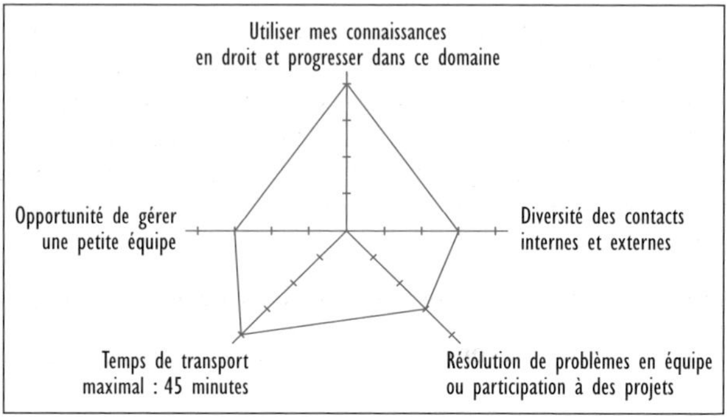

La forme du diagramme permet de dire que le poste correspond bien aux attentes du candidat et laisse présager une réponse positive. Malheureusement sa candidature n'a pas été retenue.

Nous retrouvons ci-dessous le diagramme complété après un entretien pour un autre poste.

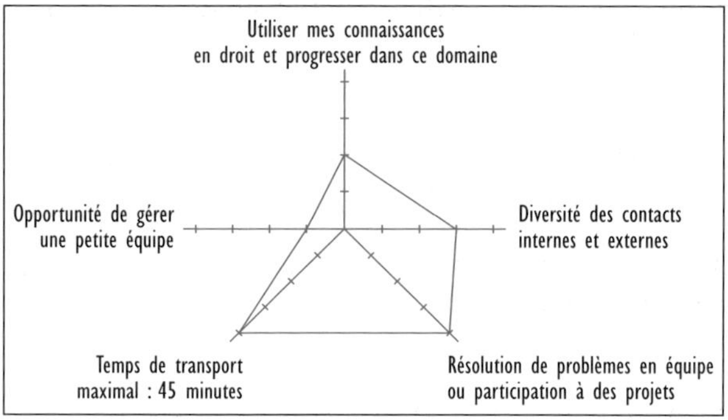

Vous constatez que la forme du diagramme devrait amener une décision négative de la part du candidat. Cependant, après réflexion, l'agent a accepté le poste en se donnant une limite : changer d'emploi après trois ans si aucune opportunité d'encadrement ne se manifestait dans ce délai.

Troisième étape : formuler un objectif

Faisons le point à propos de votre démarche : la « vision » a donné des contours à votre futur poste, vous avez repéré les composantes que vous considérez comme importantes, vous avez glané des informations à propos de votre environnement, vous avez réalisé un auto-bilan de votre carrière (sujet traité dans le chapitre suivant) et vous avez formulé un objectif. Il est un peu « brut ». Nous allons maintenant l'affiner afin qu'il constitue une boussole fiable.

Un objectif fiable présente les quatre **caractéristiques** qui suivent.

➤ Il est **formulé affirmativement** : c'est plus précis, plus clair.

■ *Exemple*

« Je ne veux plus passer ma vie à faire du visa » indique ce que vous ne voulez plus faire, mais vous n'avez pas défini ce que vous voulez. Vous risquez de prendre un poste « parce qu'il n'y a plus de visa, enfin » ... mais l'activité qui y prédomine vous conviendra-t-elle ? Rien ne le garantit.
Peut être l'objectif est-il : *« un poste où je consacrerai au moins 50 % de mon temps à être en relation directe avec des usagers ou des clients internes ».*

➤ Il est **mesurable** : vous imaginez un indicateur qui vous permettra de vérifier que l'objectif est bien atteint.

■ *Exemple*

« Un poste situé à moins de 50 minutes de transport. »
La durée du transport (50 minutes) est l'indicateur.

Vous constatez que l'objectif peut être plus ou moins ambitieux et porter sur un ou plusieurs domaines.

■ *Exemple*

Un objectif plus compliqué mais parfaitement opérationnel pourrait être :
« Un poste avec 50 % du temps en relation avec des usagers ou clients internes, avec animation d'une équipe d'au moins deux personnes et dans un rayon de 50 minutes de transport maximum. »

➤ Il est **échéancé** : vous l'associez à une date précise.

■ *Exemple*

« Pour le 30 juin, j'occupe tel type de poste » plutôt que *« dans 6 mois »*. La date précise déclenche automatiquement un rétro-planning (que dois-je faire d'ici là ?) et une vision globale de votre emploi du temps. C'est une incitation au réalisme.

Voici la réflexion qui pourrait suivre : *« D'ici le 31 janvier, j'ai un dossier compliqué et chronophage à terminer, j'ai aussi un projet personnel à mener ; ensuite il y aura les vacances d'été ; en conséquence, la date réaliste sera plutôt le 30 octobre. »*

Le rétro-planning automatique évite que l'objectif ne vous mette une pression trop forte et ne génère des « effets collatéraux » regrettables ; par exemple : délaisser certains pans de votre vie privée et le regretter ensuite amèrement.

➤ Il est **réaliste :** vous évaluez les moyens dont vous devez disposer pour atteindre l'objectif.

Voici les grandes familles de moyens :
- des informations ;
- des compétences (nous les définissons dans le chapitre suivant) ;
- du soutien : qui pourra vous encourager ?
- du temps (pour les démarches, la rédaction du CV, etc.) ;
- un budget.

■ *Exemple*

Vous voulez faire une mobilité géographique et vous devrez vous rendre en train à des entretiens ou vous devez acquérir une compétence par le biais d'une formation payante.

▸▸ Exercice

Premier niveau

Vous trouverez dans le tableau ci-contre trois « prétendus » objectifs.

Pour chacun, vous vous posez les questions suivantes :
- est-il formulé affirmativement ?
- est-il mesurable ?
- est-il échéancé ?

Nous mettons ici de côté la caractéristique « réaliste », compte tenu de l'absence de contexte précis.

	Prétendu objectif	Formulé affirmativement ?	Mesurable ?	Échéancé ?
1	D'ici à 2 ans, occuper un poste valorisant pour passer le concours X avec toutes les chances de le réussir			
2	Pour le 30 mars, j'ai sélectionné les services susceptibles d'offrir des postes correspondant à mes 4 critères			
3	A partir du 1er janvier 2012, je ne travaillerai plus dans un service d'accueil des usagers			

▸▸ Corrigé

	Prétendu objectif	Formulé affirmativement ?	Mesurable ?	Échéancé ?
1	D'ici à 2 ans, occuper un poste valorisant pour passer le concours X avec toutes les chances de le réussir	Oui	Non Que veut dire « valorisant » ? Quels sont les critères retenus ?	Oui mais trop flou. Il faudrait écrire « 2 ans, c'est-à-dire au plus tard le 30 mai 2013 »
2	Pour le 30 mars, j'ai sélectionné les services susceptibles d'offrir des postes correspondant à mes 4 critères	Oui	Oui	Oui
3	A partir du 1er janvier 2012, je ne travaillerai plus dans un service d'accueil des usagers	Non : savoir ce que l'on ne veut plus faire est insuffisant pour prendre une bonne décision	Oui avec la formule négative. Non, si l'on prend en compte la colonne 1	Oui

Deuxième niveau de l'exercice

Les objectifs 1 et 3 étant incorrectement formulés, nous vous invitons à les modifier. Vous pouvez ajouter tout ce que vous voulez à la phrase initiale.

▸▸ Corrigé

1	Le 30 mai 2013, au plus tard, j'occupe un poste avec animation d'une équipe pour passer le concours X avec toutes les chances de le réussir *Commentaire* : nous avons pris le parti de considérer que « valorisant » voulait dire « animer une équipe »
2	A partir du 1er janvier 2012, j'occupe un poste de rédacteur de tel ou tel type afin de ne plus accueillir d'usagers.

Foire aux questions

➤ *L'objectif est-il un carcan ?*

Non, il vous donne une direction. C'est un engagement que vous prenez avec vous-même. Si vos démarches vous font prendre conscience qu'il est finalement trop ambitieux, vous pourrez encore le modifier par souci de réalisme.

■ *Exemples*

Si l'échéance initialement prévue (1er janvier 2012) semble irréaliste, vous décidez de vous accorder six mois de plus et l'échéance devient le 1er juin 2012.

Reprenons un exemple précédent : la personne qui voulait travailler en mode projet aurait voulu continuer à le faire dans le domaine des RH... ce n'était pas possible et elle a donc opté pour le secteur immobilier. Aux dernières nouvelles, elle est ravie de son choix !

➤ *Est-il possible d'avoir plusieurs objectifs ?*

Oui, et ils se présenteront en cascades ou en « poupées russes ».

Un objectif à moyen terme : réussir le concours B + et, pour y arriver, un objectif intermédiaire : « animer une petite équipe ».

Associez un plan d'action à votre objectif

Pour que votre objectif soit totalement opérationnel, nous vous conseillons d'y associer un plan d'action.

Un plan d'action répond aux questions : Qui ? Fait quoi ? Où ? Quand ? Comment ? A partir de quand et jusque quand ?

Ainsi vous entrez dans le concret.

L'élaboration du plan prend un peu de temps mais c'est un bon investissement, et barrer les différentes étapes au fil de l'avancement entretiendra votre moral ; votre cheminement sera palpable.

■ *Exemple*

Objectif : *« Pour le 30 mars 2012, occuper un poste avec management d'une petite équipe, avec un temps de transport maximal de 50 minutes. »*

Plan d'action

Échéance	Je fais quoi ?	Avec qui ?	Comment et où ?
Pour le 1er février 2011 au plus tard	J'ai réalisé mon bilan de carrière	Seul. Si trop difficile : aide de la cellule	Reprendre mes fiches de poste et d'évaluation
Pour le 15 février	J'ai consulté la BIEP (bourse interministérielle des emplois de l'État). Je m'y suis inscrit pour recevoir des alertes et me tenir au courant		Voir le site www.biep.gouv.fr
Pour le 20 février	J'ai inventorié dans ma direction les services dans lesquels des postes pourraient exister	Solliciter l'avis de Durand	

Repérez vos alliés, dialoguez avec eux

Votre supérieur hiérarchique

Tous les ans, l'**entretien** annuel **d'évaluation** ou de notation est le bon moment pour évoquer votre mobilité et obtenir des conseils de votre supérieur hiérarchique.

Le décret n° 2010-88 du 28 juillet 2010 relatif aux conditions générales de l'appréciation de la valeur professionnelle des fonctionnaires de l'État institue l'« **entretien professionnel** » annuel qui donnera lieu à un compte rendu à partir de 2012.

En voici un extrait ; le point 7 concerne la mobilité :
*« L'entretien professionnel porte principalement sur : 1° Les résultats professionnels obtenus par le fonctionnaire eu égard aux objectifs qui lui ont été assignés et aux conditions d'organisation et de fonctionnement du service dont il relève. 2° Les objectifs assignés au fonctionnaire pour l'année à venir et les perspectives d'amélioration de ses résultats professionnels, compte tenu, le cas échéant, des perspectives d'évolution des conditions d'organisation et de fonctionnement du service. 3° La manière de servir du fonctionnaire. 4° Les acquis de son expérience professionnelle. 5° Le cas échéant, la manière dont il exerce les fonctions d'encadrement qui lui ont été confiées. 6° Les besoins de formation du fonctionnaire eu égard, notamment, aux missions qui lui sont imparties, aux compétences qu'il doit acquérir et à son **projet professionnel.** 7° Ses **perspectives d'évolution professionnelle** en termes de carrière et de mobilité. »*

Le conseiller mobilité-carrière

C'est un professionnel et vous le trouverez au sein de votre service (ou plate-forme ou cellule) des Ressources humaines.

Il a pour mission d'être à l'écoute des structures et des personnes.

Il peut intervenir sur deux plans :
– vous aider à construire votre projet mobilité : vous faire faire un bilan de carrière, vous orienter vers un bilan de compétences ou vers une ou des formations, si nécessaire ;
– mais aussi vous faire connaître des offres.

Bien entendu, il doit respecter une charte de déontologie et il saura respecter la confidentialité de vos échanges.

Même sans projet de mobilité, vous pouvez contacter votre conseiller mobilité-carrière pour obtenir un « entretien de carrière » après au moins cinq années de service.

Une ressource supplémentaire : le réseau

Qu'est-ce qu'un réseau ?

Le réseau est un ensemble de personnes interconnectées les unes avec les autres, régulièrement ou non ; il permet de faire circuler des informations. Nous évoquons ici le réseau informel constitué par toutes les personnes que vous connaissez et qui, elles-mêmes, en connaissent d'autres.

Qui constitue votre réseau ? Votre famille, vos amis, vos voisins, vos collègues, vos ex-collègues, vos supérieurs hiérarchique actuels ou anciens, vos partenaires de travail (personnes d'autres services ou d'autres administrations, fournisseurs, prestataires...).

➔ Remarque
Avoir un réseau ne veut donc pas dire « avoir du piston » ; il s'agit d'obtenir des informations ou des conseils.

Pourquoi est-ce utile ?

C'est utile pour obtenir :

➤ Des informations de nature différente

La mobilité fait entrer dans un monde différent, voire très différent, notamment si vous réalisez une mobilité géographique et/ou structurelle.

Les membres de votre réseau vous fourniront des informations pratiques venant du terrain. Vous pourrez aussi les confronter avec les informations officielles.

➤ Des informations qui dédramatisent

Nous avons moins peur de ce que nous connaissons. Les informations apportées par vos interlocuteurs contribueront à dédramatiser votre démarche.

➤ Des informations qui aident à la prise de décision

La connaissance permet de prendre des décisions éclairées et diminue par conséquent le risque de déception.

En résumé, les informations vous aideront à quatre niveaux :
– pour sélectionner les postes auxquels vous candidaterez ;
– pour mieux adapter vos CV et vos lettres de candidature à la culture de l'entité ;
– pour poser des questions précises et pertinentes lors des entretiens ;
– pour prendre votre décision finale : accepter ou refuser.

■ *Exemple*

Un agent a repéré un poste qui lui semble correspondre à ce qu'il recherche et il constate que ses compétences comme le profil recherchés concordent bien. La situation géographique exige un changement de résidence.

Il parle de son projet à l'un des membres de son réseau (ancien collègue) en relation avec l'entité où se trouve le poste convoité.

Son interlocuteur le met en garde. Il est fort probable qu'à moyen terme, le poste soit touché par une restructuration. Le candidat maintient sa candidature. Lors de l'entretien, il pose évidemment des questions sur l'avenir de l'entité. Son interlocuteur fournit des réponses rassurantes mais finalement vagues.

Notre candidat y a vu confirmation du caractère probablement non pérenne du poste.

Sa candidature a été retenue. Il a donné son accord en connaissance de cause... et a décidé de ne pas procéder au déménagement de toute la famille afin de lui épargner le stress engendré par deux déménagements successifs.

Retenir l'essentiel

Réaliser une mobilité, surtout si elle est géographique et/ou structurelle, est une prise de risque. Elle exige du temps et de l'énergie et génère des prises de décision.

Pour vous donner les meilleures chances de réussir, vous développerez une stratégie en vous inspirant de la démarche « projet » :
– vous définirez un objectif précis, opérationnel, respectant quatre caractéristiques ;
– vous établirez un plan d'action ;
– à tout moment, vous vous appuierez sur vos alliés et vous utiliserez votre réseau.

Au terme de ce chapitre, vous partez pour une randonnée : vous savez quelle est votre destination (votre objectif). A tout moment, vous pourrez vérifier votre avancée (votre plan d'action) et vous restez vigilant à propos de la « météo » grâce à votre réseau.

Chapitre 2 Réaliser un auto-bilan de carrière

Le nouveau contexte de la fonction publique est celui de l'efficience.

Qu'est-ce que l'efficience ? C'est atteindre un ou des objectifs avec un minimum de moyens.

Envisageons la mobilité du point de vue du recruteur, c'est-à-dire du chef de service. Il a des objectifs à atteindre et sa préoccupation est donc de recruter, pour son équipe, une personne compétente qui concourra immédiatement à l'atteinte de ces fameux objectifs. « Immédiatement » signifie avec le minimum de temps d'adaptation et de formation.

Envisageons maintenant la mobilité de votre point de vue, c'est-à-dire du candidat. Il est souvent difficile de parler de soi *(« parler de soi ne va pas de soi »)*. Il faut trouver le ton juste. L'excès de modestie vous dévalorisera vis-à-vis d'autres candidats. Cependant, un candidat trop prétentieux suscite de la méfiance.

Pour trouver le « juste milieu », nous vous conseillons de vous axer sur vos compétences. Dans ce chapitre, vous trouverez les éléments pour réaliser un auto-bilan de carrière axé sur les compétences.

Nous commencerons par quelques définitions, puis nous détaillerons la démarche et nous terminerons en établissant à nouveau un lien avec la notion d'objectif vue dans le chapitre précédent.

Bilan de compétences ou bilan de carrière ?

Les deux termes sont voisins mais recouvrent un cadre et des définitions différentes.

Le bilan de compétences

Définition

Le bilan de compétences permet à un agent d'analyser ses compétences professionnelles et personnelles, ses aptitudes et ses motivations, afin de définir un projet professionnel et, éventuellement, un projet de formation.

Les aspects pratiques

En principe, vous formulez votre demande de bilan de compétences lors de l'entretien annuel de formation ou lors de votre entretien de notation ou d'évaluation annuel.

Votre responsable hiérarchique peut aussi vous le proposer.

Vous pouvez aussi prendre contact avec votre service de ressources humaines ou la cellule mobilité-carrière.

Le bilan de compétences est réalisé par un prestataire. Une convention tripartite est signée entre l'agent bénéficiaire, l'administration et le prestataire.

Qu'il soit interne à l'administration ou externe, le prestataire est tenu d'utiliser des méthodes et des techniques fiables mises en œuvre par des personnels qualifiés et de proposer des prestations conformes aux dispositions des articles R. 6322 à R. 6337 du Code du travail.

L'administration prend en charge l'ensemble des frais de réalisation du bilan de compétences. L'agent peut demander à bénéficier, à cette occasion, d'un congé.

Vous pouvez bénéficier d'un bilan de compétences après dix années de service effectif et deux fois au cours de votre carrière, le second bilan ne pouvant être demandé qu'au moins cinq ans après le précédent.

Le bilan dure trois jours (c'est-à-dire une vingtaine d'heures réparties sur plusieurs entretiens). Il est organisé en trois phases :
- la phase préliminaire ;
- la phase d'investigation ;
- la phase de conclusion : un document de synthèse est alors remis à l'agent. Les résultats lui appartiennent ; aucune communication directe de ceux-ci n'est faite à l'administration ni au supérieur hiérarchique.

Entre chaque phase, le bénéficiaire mène des travaux guidés de réflexion.

☛ **Conseil**

Pour en savoir plus : consultez l'arrêté du 31 juillet 2009.

Conclusion

Vous l'avez compris, il s'agit d'une démarche coûteuse, assez longue et exigeant une réelle implication. Elle vous sera utile si vous n'avez pas de « vision » au sens où nous l'avons définie dans le premier chapitre, ou si vous avez de réelles difficultés pour réaliser l'auto-bilan de carrière que nous traiterons ci-dessous, et /ou si vous manquez de confiance en vous.

Le bilan de carrière

Un bilan de carrière peut être effectué après quinze années de carrière.

« Il est réalisé sous la responsabilité exclusive de la direction des ressources humaines et du conseiller mobilité-carrière. Il s'agit pour les agents expérimentés de renouveler leurs perspectives professionnelles en formalisant un projet de seconde carrière. L'entretien donne lieu à un diagnostic personnalisé des acquis et à une analyse du profil professionnel et des potentialités » (source DGAFP).

Pour en savoir plus : consultez la circulaire DGAFP n° 00158 du 9 juin 2008 sur la mise en œuvre de l'entretien et du bilan de carrière.

Le bilan de compétences évoqué plus haut peut s'inscrire aussi dans le bilan de carrière.

En dehors des bilans de compétences et de carrière, vous pouvez réaliser un auto-bilan ; vous trouverez dans ce chapitre les outils nécessaires.

Trois notions fondamentales : la compétence, les compétences, la motivation

Deux notions sont voisines et complémentaires : « *la* compétence » et « *les* compétences ».

La compétence

La compétence se définit comme « savoir agir en situation professionnelle ».

Concrètement, ce « savoir agir » résulte de la mise en synergie de plusieurs composantes :
- la personnalité ;
- les compétences (que nous allons définir ci-dessous) : « *savoir* agir » ;
- l'environnement (les ressources matérielles et le management) : « *pouvoir* agir » ;
- la motivation : « *vouloir* agir ».

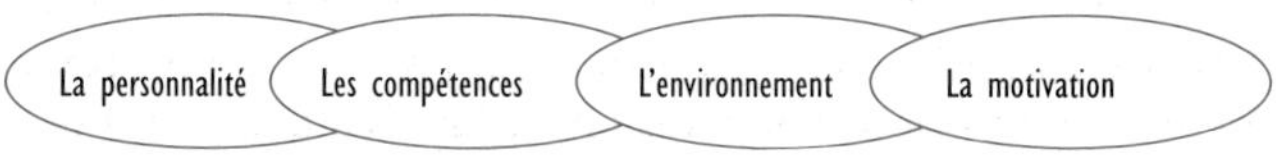

Cette décomposition de la compétence explique pourquoi une personne peut être déclarée « incompétente » alors que la lecture de son cursus laissait présager l'inverse. Peut-être manque-t-elle de motivation et/ou de moyens matériels ? Peut-être, d'ailleurs, se révèlerait-elle « compétente » dans un autre environnement qui la motiverait ?

Vous vous estimez compétent et, de plus, votre compétence est effectivement reconnue par votre entourage professionnel (hiérarchie, collègues, usagers). Pour pouvoir mettre en avant cette compétence, tant dans votre curriculum vitae que dans votre lettre de motivation ou au cours de l'entretien, vous allez devoir passer par l'inventaire, la re-découverte de vos compétences ; nous utilisons ici le même mot, mais au pluriel.

Nous approfondirons la notion de motivation plus loin (voir page 33).

Les compétences

Les compétences se déclinent en trois registres.

➤ Premier registre : le **savoir** : ce sont les connaissances détenues sur un sujet et qui sont vérifiables par le biais de questions : *« Pouvez-vous me dire.. ? »*

Exemple : connaître le Code des marchés publics.

➤ Deuxième registre : le **savoir-faire** : c'est la mise en œuvre d'une procédure ou d'une méthode. Le savoir-faire est immédiatement observable et vérifiable.

Exemples : rédiger un appel d'offres, réaliser le recouvrement amiable de créances, utiliser telle application informatique.

Remarque : certains savoir-faire sont conditionnés par l'acquisition préalable de savoirs. C'est le cas de la rédaction d'un appel d'offres dans le cadre de la fonction publique : il faut connaître le Code des marchés.

➤ Troisième registre : le **savoir être** : il s'agit de comportements. Certains savoir être doivent être précisés avec un élément de contexte ou un gérondif.

Exemples : être calme face aux interlocuteurs agressifs (contexte); être créatif en mettant au point des solutions adaptées aux besoins de telle catégorie de personnes (gérondif).

Pour un poste donné, l'ensemble des compétences correspondantes constitue un « **profil** ». Vous verrez ce terme sur les fiches descriptives des postes.

Fiche outil

Nous vous proposons ici une liste (non exhaustive) de **compétences** réparties dans les **trois registres**.

• **Savoirs**

Connaître la réglementation associée au métier exercé.
Connaître l'environnement professionnel (direction, ministère, fonction publique).
Connaître les aspects théoriques d'un métier.

• **Savoir-faire**

– **Traiter l'information**

Utiliser l'information
Faire appliquer la réglementation
Expliquer la réglementation
Rechercher une information dans un corpus
Enquêter
Analyser
Synthétiser
Exprimer une opinion et l'argumenter
Promouvoir
Traiter des objections
Organiser une veille
Rédiger (cahier des charges, courrier, compte-rendu, procès verbal…)
Évaluer
Calculer

– **Contrôler**

Mesurer
Vérifier
Tester
Valider
Conseiller

– **Organiser**

Répartir les activités pour atteindre l'objectif
Définir une stratégie
Définir des objectifs
Définir des priorités
Coordonner, conduire une action
Planifier, programmer
Optimiser
Anticiper

– **Gérer**

Classer, répertorier
Enregistrer
Inventorier
Optimiser
Anticiper
Calculer

– **Acheter**

Recueillir des besoins
Rédiger un cahier des charges
Analyser et comparer des offres
Négocier

– **Résoudre des problèmes**

Diagnostiquer
Gérer l'imprévu
Élaborer, construire
Proposer, préconiser
Prendre des décisions

– **Travailler en équipe**
Agir et interagir pour atteindre l'objectif commun
Collaborer avec le leader
Favoriser la dynamique du groupe
Travailler en réseau

– **Encadrer**
Répartir le travail
Défendre l'équipe
Négocier des ressources
Avoir le leadership
Motiver
Animer l'équipe
Former
Gérer les compétences
Gérer des conflits
Animer une réunion
Mener un entretien
Évaluer
Déléguer
Conduire le changement

– **Conduire un projet**

– **Communiquer**
Gérer ses réactions
Gérer les réactions des interlocuteurs
Rendre l'information accessible aux interlocuteurs (présenter, expliquer)
Questionner
Écouter
Mener un entretien
Animer une réunion
Négocier
Argumenter
Réfuter une objection
Conseiller
Former
Maîtriser une langue étrangère ou plusieurs
Mettre en forme un document lisible et pédagogique

– **Utiliser la bureautique et les nouvelles technologies**
Liste des applications

• **Savoir être**
Autonomie
Flexibilité, adaptabilité
Créativité
Éthique
Pragmatisme
Sens du service public
Ouverture d'esprit
Réactivité
Résistance au stress
Rigueur
Fiabilité
Curiosité
Ambition
Tolérance
Intuition
Dynamisme
Organisation
Contrôle émotionnel
Autorité
Solidarité
Sociabilité : être introverti ou extraverti

Foire aux questions

➤ *La liste ci-dessus est-elle exhaustive ?*

Non. Certains métiers exigent des compétences très techniques. Et les métiers exercés dans les trois fonctions publiques sont extrêmement variés.

➤ *Comment fait-on la distinction entre un savoir et savoir-faire ?*

C'est parfois difficile, notamment parce que certaines compétences mettent en synergie les deux registres.

Exemple : « savoir négocier » requiert la maîtrise d'un savoir-faire (le processus et les techniques) mais aussi un comportement adapté (être négociateur).

Inutile de passer du temps pour statuer sur la classification. Dans notre exemple, l'important est d'avoir identifié que vous savez négocier ! En d'autres termes, vous n'êtes pas dans un exercice de ressources humaines où l'enjeu serait de réussir à faire un « bon » classement. Vous êtes dans une démarche de valorisation de votre propre compétence.

Quand, au cours de diverses formations, nous faisons suivre cette démarche, les participants déclarent souvent avoir fait de belles découvertes.

L'évocation des trois registres de compétences a pour objectif de vous aider à détecter toutes les dimensions de vos activités quotidiennes, qui vous semblent tellement « naturelles » ou évidentes (car vous agissez avec des réflexes) que vous oublieriez de les nommer.

■ *Exemple*

Vous saisissez des données dans une base. Vous avez un savoir-faire évident, utiliser l'application informatique, mais aussi un savoir être : la rigueur. Vous savez en effet qu'une erreur de votre part générerait d'autres erreurs et beaucoup de complications !

➤ *Comment faire quand on a l'impression, voire la conviction, que les compétences acquises ne vont plus être utiles car la mobilité envisagée est structurelle ?*

Dans ce cas, nous allons utiliser le principe de la compétence clé ou transversale ou transférable.

■ *Exemples*

1. *« Je connais bien la réglementation concernant la retraite. Je voudrais m'orienter vers un tout autre domaine et cela ne me servira plus... »*
Votre compétence clé est probablement : « être capable de mettre en œuvre une réglementation ». Vous l'avez fait pour la retraite et, dès que vous aurez acquis les fondamentaux concernant votre nouveau domaine, vous remettrez en œuvre cette compétence clé ou transversale.

2. *« Après sept ans passés dans le même poste, j'avais acquis une belle autonomie et la confiance de mon responsable ; évidemment cela ne me servira plus dans un nouveau poste puisque tout sera nouveau. »*
Ici la compétence clé est « être autonome ». Certes, vous ne serez pas autonome dans les premiers temps mais, parce que vous l'avez déjà été, vous saurez saisir les opportunités dès qu'elles se présenteront. Nous supposons que c'est votre sérieux qui a suscité la confiance de votre supérieur. Ce savoir être est pérenne et vous permettra d'inspirer de nouveau confiance.
Une analogie : lors de leur arrivée à l'école maternelle, les premiers enfants à se révéler autonomes sont bien souvent ceux qui l'étaient déjà à la maison, chez la nourrice ou à la crèche.

La motivation

Revenons maintenant sur l'une des composantes de la compétence : la motivation (le vouloir agir).

Définition et composantes

La motivation peut être définie comme ce qui nous met en mouvement, ce qui nous fait agir, le « moteur ». Elle est la résultante d'une interaction entre plusieurs composantes.

La personnalité

Les compétences

Les signes de reconnaissance

L'environnement

Vous vous en doutez, le « dosage » des ingrédients varie selon les individus, comme il peut varier au cours de la carrière d'un même individu.

Quelques commentaires à propos des composantes

– La *personnalité* : certains postes s'accordent mieux que d'autres à notre personnalité.
Exemple : vous êtes sociable et les postes suscitant de multiples contacts vous motivent plus.

– Les *compétences* : difficile d'être motivé pour réaliser une mission si l'on n'a pas les compétences pour agir correctement !

– Les *signes de reconnaissance* sont verbaux et non verbaux. Ils proviennent de notre entourage qui nous signale ainsi qu'il apprécie (ou non) notre travail. Par « entourage », nous entendons : le supérieur hiérarchique mais aussi les collègues qui disent *« on peut compter sur toi »,* les usagers, les partenaires extérieurs (fournisseurs, prestataires...).
Ici, encore, le dosage peut varier d'un poste à l'autre.
Exemple : vous étiez très motivé dans un poste où votre manager n'exprimait pas de signes de reconnaissance mais où, en revanche, vous en receviez beaucoup des usagers.

– L'*environnement* : il s'agit de l'interaction entre les conditions de travail, le management et le sens donné au travail.
Exemple : dans tel poste, les conditions de travail n'étaient pas très bonnes (locaux vétustes et trop étroits, matériel très moyen), mais vous aviez un responsable dynamique et vous pouviez évaluer concrètement les effets de votre travail, vous pouviez facilement identifier ce à quoi vous apportiez votre concours : vous étiez très motivé.

Comment détecter ce qui vous motive ?

En reprenant votre parcours, posez-vous les questions suivantes :
– qu'est-ce que j'ai aimé faire ?
– qu'est-ce que je n'ai pas aimé faire ?
– qu'est-ce que j'ai réussi avec un moindre effort ?
– qu'est-ce que j'ai le mieux réussi ?
– où ai-je échoué ?
– qu'est-ce qui m'intéresse, que je connais et que j'aimerais pouvoir entretenir ou approfondir ?
– qu'est-ce que je ne connais pas mais qui m'intéresse ?
– qu'est-ce qui ne m'intéresse pas ou plus ?

– à quels moments, dans quelles missions ai-je eu le sentiment d'être vraiment à ma place ou d'être en harmonie avec mes aptitudes et mes goûts personnels ?

Réaliser votre auto-bilan de carrière

Comment réaliser un auto-bilan ?

Nous vous proposons sur la page suivante un tableau simple à remplir pour chaque poste occupé au cours de votre carrière.

Commencez par le poste actuel : ce sera plus facile.

Bien entendu, vous pouvez prendre votre temps et segmenter le travail. D'ailleurs vous constaterez probablement que votre mémoire vous restituera des éléments au fil des jours, à l'occasion d'une action ou d'une activité, par le phénomène de l'association d'idées.

Vous trouverez, à la suite du tableau, des indications sur les différentes rubriques.

Un tableau pour chaque poste occupé

1	2	3	4	5
Intitulé du poste Dates et durée	Nom et missions du service	Mes missions	Mes activités principales	Mes compétences
6 Les événements marquants				
7 J'ai aimé, j'ai détesté				

Comment remplir ce tableau ? Quelques commentaires à propos des rubriques

1. Intitulé du poste, dates et durée : la précision du jour est inutile

Exemple : Responsable qualité – septembre 1998 à mai 2001 – 20 mois.

2. Nom et missions du service : les missions d'un service s'expriment avec des verbes et précisent le service rendu. Vous retrouverez facilement les missions en consultant l'organigramme fonctionnel ou votre fiche de poste.

Si ces documents vous font défaut, en particulier pour les postes anciens, posez-vous les questions : « quelle était la raison d'être de ce service ? » ou « quelles auraient été les conséquences de l'inexistence de ce service ? ».

3. Mes missions : vos missions s'expriment avec des verbes ou des substantifs.

En principe, elles sont listées sur votre fiche de poste.

C'est la réponse aux questions triviales : « quelle est la raison d'être de ce poste ? » ou « que se passerait-il si ce poste n'existait pas ? ».

Exemples : assurer le secrétariat de l'équipe de direction ou gérer un service d'assistance utilisateurs.

En l'absence de fiche de poste, vous pouvez retrouver les missions décrites dans l'emploi type auquel vous êtes rattaché dans le répertoire des métiers de votre ministère ou, à défaut, dans le RIME (Répertoire interministériel des métiers de l'État), consultable sur le site www.fonction-publique.gouv.fr.

4. Mes activités principales : celles-ci s'expriment avec des verbes.

Comment retrouver vos activités ? Revoyez le déroulement de vos journées : qu'y faisiez-vous ? Quels étaient vos interlocuteurs internes et externes ?

Dans un premier temps, vous noterez certainement des tâches (exemple : téléphoner) ; en évoquant vos interlocuteurs et le motif de vos conversations, vous retrouverez une activité principale.

■ *Exemple*

Je téléphonais beaucoup = tâche.

A qui et à propos de quoi ?

Réponse : je répondais aux questions des usagers à propos de la réglementation X.

L'activité était donc : renseigner les usagers à propos de la réglementation X.

5. Mes compétences : il s'agit des compétences déjà acquises et que vous avez mises en œuvre et de celles que vous avez acquises dans l'exercice du poste. Comment détecter vos compétences ?

Posez-vous la question : pour réussir, comment est-ce que je m'y prenais ?

■ *Exemple*

« J'écoutais, j'étais patient, je m'efforçais d'expliquer le plus clairement possible la réglementation XX et je devais d'ailleurs en suivre les mises à jour. Parfois j'avais des râleurs au téléphone : il fallait alors être diplomate... et dans ce cas je devais faire un compte rendu à mon responsable. »

Voici les compétences mises à jour :
– être à l'écoute,
– connaître la réglementation XX,
– être pédagogue,
– gérer les tensions, voire les conflits,
– rédiger des comptes rendus d'entretiens.

■ *Autre exemple*

L'activité est « organiser des concours ».

La réponse à la question « comment faisais-je pour réussir ? » est :

« C'était assez compliqué et j'avais un objectif permanent : "zéro annulation" d'épreuves, car c'est très coûteux pour l'État et catastrophique pour l'image de marque. L'annulation peut survenir à la suite d'un problème logistique ou d'un recours par un candidat pour non-respect des textes. J'étais perpétuellement en repérage des problèmes qui auraient pu survenir. »

Voici la rubrique « compétences » :
– organiser des événements de grande ampleur (plusieurs sites simultanément) dans des délais contraints et dans le respect d'une réglementation, avec un fort enjeu ;
– mettre en œuvre une réglementation ;
– anticiper les problèmes ;
– être rigoureux.

Vous remarquerez que nous n'avons pas précisé, parmi les compétences, « organiser des concours », pour nous situer sur une compétence « clé » ou « transversale ». Nous considérons que le candidat est désormais opérationnel pour organiser toutes sortes d'événements et pas seulement des concours.

6. Les événements marquants : il s'agit d'événements qui ont modifié les conditions d'exercice de votre poste pendant une période donnée ou définitivement.

■ *Exemples*

Vous avez assuré l'intérim de votre responsable pendant *n* semaines.
Ou le service a déménagé.
Ou une modification de la réglementation a généré un afflux de travail supplémentaire, etc.
Pourquoi les repérer ? Parce qu'ils vous ont peut-être donné l'occasion de révéler ou d'acquérir des compétences.

Reprenons les exemples :
– grâce à l'intérim, vous avez appris à organiser le travail d'une équipe, voire à l'animer ;
– le déménagement vous a donné l'occasion de participer à un groupe projet et d'y faire des propositions ;
– l'afflux de travaux a rendu nécessaire la polyvalence et vous avez formé vos collègues venus en renfort.

7. J'ai aimé, j'ai détesté : il est souvent difficile de cerner sa motivation et, qui plus est, de l'expliquer. Recenser ce que vous avez écrit dans cette rubrique pour chaque poste vous aidera à repérer les points communs, les grandes tendances. C'est un atout pour détecter les postes susceptibles de vous convenir, convaincre votre recruteur dans la lettre de motivation puis lors de l'entretien.

■ *Exemple*

Un candidat a écrit dans la rubrique « je déteste » : la routine. Après réflexion, il a compris que l'un des facteurs de sa motivation était la connaissance d'environnements différents.

Quelle conclusion ?

Après avoir parcouru l'ensemble de votre carrière en ayant rempli une fiche par poste, vous pourrez réaliser une synthèse à l'aide du tableau proposé sur la page suivante.

Les deux premières colonnes reprennent des données objectives. La troisième traite de la motivation, composante certes subjective mais déterminante !

La dernière ligne vous aide à faire une synthèse puis à donner du corps à votre « projet mobilité ».

Tableau de bilan de carrière

Mes atouts	Mes points faibles	Ce qui me motive
Compétences prouvées : savoir, savoir-faire et savoir être	**Compétences manquantes ou faibles**	

En conclusion
En postulant sur tel type de poste, j'ai toutes les chances d'être retenu.

Les postes de tel type me motivent particulièrement :

Cas 1 : j'ai les compétences attendues pour y postuler ;

Cas 2 : il me manque telle ou telle compétence pour pouvoir y prétendre : je me donne pour objectif* de l'acquérir dans tel délai.

Finalement, mon **objectif et mon plan d'action*** sont les suivants :

* Les notions d'objectif et de plan d'action ont été vues dans le chapitre 1.

■ *Exemple*

J'apprécie le domaine des ressources humaines (motivation) dans lequel j'ai déjà travaillé. J'ai une expérience significative de gestionnaire (compétences). Je viens d'animer une équipe de cinq personnes par intérim (compétence) et j'ai apprécié (motivation).

Mon objectif est par conséquent de trouver d'ici neuf mois, c'est-à-dire le 30 novembre 2011, un poste de gestionnaire dans le domaine des ressources humaines avec, si possible, l'animation d'une équipe. Cela me donnerait un atout supplémentaire pour réussir le concours d'accès à un IRA ou pour me présenter à un concours pour passer en catégorie A (en RAEP – reconnaissance des acquis de l'expérience) trois ans plus tard, c'est-à-dire en 2014.

Mon plan d'action se dessine :
– lors de mon entretien annuel qui aura lieu au mois de..., je demanderai une formation à l'animation d'équipe ;
– d'ici un mois, j'aurai repris contact avec mes ex-collègues du service RH XX afin de me mettre au courant des nouveautés dans le domaine ;
– à partir d'aujourd'hui, je me mets en veille en ce qui concerne les offres susceptibles de m'intéresser en consultant tel site.

Retenir l'essentiel

Pour engager une démarche de mobilité avec efficacité, vous avez tout intérêt à mener une double étude :
– la première, certes un peu fastidieuse, est de mener un auto-bilan de vos compétences. Il s'agit de renseigner une fiche pour chaque poste occupé et ensuite d'aboutir à une synthèse ;
– la seconde étude se focalise sur votre motivation.

Grâce à ce préalable, vous disposerez de tous les éléments nécessaires pour vous donner un objectif opérationnel (réaliste), ainsi que nous l'avons vu dans le premier chapitre, y adosser un plan d'action adapté, sélectionner les offres d'emploi, rédiger votre CV et vos lettres de motivation, préparer l'entretien et le réussir.

Allons plus loin !

Cet auto-bilan est le « fond de dossier » de votre carrière. Vous le réutiliserez certainement pour d'autres mobilités, mais aussi pour préparer un concours avec exposé de carrière et/ou une RAEP[1] (reconnaissance des acquis de l'expérience).

Bref... gardez précieusement ce travail de réflexion jusqu'à la fin de votre carrière !

1. Voir Yolande Ferrandis, *La RAEP dans les concours*, collection « FAC Mémo », La Documentation française, 2010.

Chapitre 3

Construire un curriculum vitae (CV)

La construction d'un CV est un exercice nouveau pour beaucoup de fonctionnaires. De plus, l'esprit du CV est particulier. En effet, de loin, sa forme ferait penser à un formulaire d'état de services or il n'en est rien ! Il s'agit d'un document inspiré du marketing pour mettre en avant les avantages d'un produit : vous, et plus précisément vos compétences.

Avec quelques conseils, souvent de bon sens, vous serez en mesure de réaliser un curriculum vitae, support efficace de votre candidature.

Nous commencerons par définir ce qu'est le curriculum vitae et quelles sont ses finalités. Ensuite nous étudierons ses différentes rubriques ainsi que leur agencement. Nous détaillerons les caractéristiques souhaitables et nous illustrerons notre propos avec sept exemples commentés.

Qu'est-ce qu'un curriculum vitae (CV) ?

La traduction est « chemin de vie » ou « course de vie ». En réalité, il relate essentiellement les compétences que vous avez acquises tout au long de votre parcours professionnel, tant dans vos emplois (rémunérés ou non) que par le biais de formations.

Puisque ce n'est pas un « état de services » valable pour le calcul de vos points de retraite, vous mettez en avant vos compétences plus que les dates précises de vos différents postes.

Vous avez peut-être travaillé dans des services prestigieux, tant mieux, mais rappelez-vous que vous serez recruté pour vos compétences. La « star » du CV, c'est vous ! Inutile de vous attarder longuement sur les missions des différents services. En revanche, vous devez évoquer les enjeux attachés aux opérations et aux missions que vous ont été confiées.

C'est un **état des lieux** du passé, présenté en deux pages maximum, mais il est résolument tourné vers l'avenir. Les informations que vous y faites apparaître ont une unique raison d'être : vous mettre en valeur pour convaincre le recruteur de vous rencontrer.

Quelles sont les finalités d'un CV ?

➤ Première finalité : accrocher le lecteur en donnant une bonne première image de vous, comme la poignée de main et le premier regard lors d'un face à face. C'est votre « carte de visite détaillée ».

➤ Deuxième finalité : après un premier coup d'œil rapide, votre lecteur doit avoir envie de lire plus en détail puis de vous rencontrer.

➤ Troisième finalité : donner envie au lecteur de vous rencontrer car votre CV indique que votre expérience et votre profil correspondent à ce qu'il recherche. Il va souhaiter en savoir plus.

Vous doserez donc soigneusement les informations. En donner trop enlèverait tout intérêt à la rencontre. Vous utiliserez aussi des mots clés.

➤ Quatrième éventuelle finalité : faciliter le travail de la cellule de mobilité, si celle-ci conserve des CV en vue de réaliser un rapprochement, le moment venu, entre des candidats à la mobilité et des offres. Dans ce cas, le CV doit se suffire à lui-même puisqu'il n'y a pas de lettre de motivation. Il doit permettre une prise de décision pour la sélection : candidat à présenter ou non ?

Quelles sont les rubriques, leur contenu et leur ordre ?

Il existe deux présentations possibles :
– la présentation « classique », rétro-chronologique : c'est la plus courante et la plus facile à mettre en forme ;
– la présentation « thématique », avec une rubrique « compétences » : elle exige un important travail d'analyse et de synthèse en amont. Nous verrons dans quels cas elle est plus conseillée.

La présentation « classique »

Commençons par la présentation « classique » et étudions les différentes rubriques.

➤ **Un pavé « identité »**

– Votre prénom suivi de votre nom, et non l'inverse car ce n'est pas un formulaire mais une « carte de visite ». La police (le caractère utilisé) est suffisamment grosse et grasse pour que votre CV puisse être repéré facilement dans une éventuelle pile. Vous démontrez ainsi un certain degré d'affirmation de vous-même.
– Votre adresse personnelle.
– Votre numéro de téléphone professionnel, si vous le pouvez et le voulez.
– Votre numéro de téléphone mobile.
– Une adresse électronique précédée du mot « courriel » ou « mél » plutôt que « mail », mot anglais.
– Votre âge plutôt que votre date de naissance : c'est plus simple. Cette information est-elle obligatoire ? Non, mais la prise de connaissance de votre carrière donnera de toute façon des indications sur votre âge probable !
– Faut-il indiquer votre situation maritale ? Ce n'est pas obligatoire. « Célibataire » ou « marié » suffit ; il est inutile d'entrer dans les détails comme « divorcé » ou « veuf ».

Et le nombre d'enfants sur le CV d'une femme ? Question épineuse ! Certes, le nombre d'enfants ne doit pas être un facteur discriminant. Dans la réalité, ce n'est pas une information rassurante pour bon nombre de recruteurs, mais ne pas les signaler et les faire découvrir une fois en poste ne favorisera pas l'instauration d'une relation de confiance…

Le moyen terme est donc peut-être de ne pas les signaler sur le CV pour se donner plus de chance d'être convoquée et d'en parler lors de l'entretien avec un calme et une assurance… rassurants.

➤ La rubrique « expérience professionnelle »

C'est une description rétro-chronologique des emplois que vous avez occupés et des compétences qui y sont associées. Votre emploi actuel est donc en première place.

Vous répondez aux questions suivantes :

– **Où ?** Dans quel ministère, quelle direction, quel service ?

– **Quand ?** Vous indiquez les années.
Exemple : 2000-2005.
Inutile de mettre les mois et encore moins les jours ; rappelez-vous que la surface d'une feuille de format A4 est réduite et que vous devez aller à l'essentiel !
Pour enlever toute ambiguïté, vous précisez, si nécessaire, le nombre de mois.
Exemple : 2000-2001 (15 mois).

– **Quelle fonction ?** Soyez précis.
Exemple : « secrétaire administratif » est insuffisant, ajoutez « responsable de… » ; idem pour « rédacteur », etc.

– **Quelles activités et quelles compétences ?**
C'est ici que vous allez faire preuve d'esprit de synthèse. Les activités et les compétences s'expriment avec des verbes ou des substantifs.
Exemple : gérer le budget ou gestion du budget.
Illustrez avec quelques faits bien choisis évoquant la « dimension » ou le « périmètre » de vos fonctions.

■ *Exemples*

Une assistante : le nombre de personnes assistées ; un cadre : le nombre de collaborateurs ; un assistant utilisateurs : le nombre d'utilisateurs ; un gestionnaire budgétaire ou un acheteur : la taille du budget en euros (sauf confidentialité), etc.

➤ La rubrique « formation et diplômes »

Quand vous avez obtenu un diplôme, vous écrivez : la date, le diplôme et le lieu.
Exemple : 2000 : Licence de… – Toulouse.

Si vous n'avez pas eu la licence :
1999-2000 : préparation licence de… – Toulouse.

Dans ce paragraphe, vous évoquez vos diplômes mais aussi les stages suivis au titre de la formation continue et significatifs par leur durée et/ou en rapport avec le profil attendu. (Voir aussi, page 47, la foire aux questions.)

➤ La rubrique « langues et bureautique et /ou informatique »

Le niveau de langue doit être exprimé le plus précisément possible. Si vous avez passé le TOEIC (*Test of english for international communication)*, vous indiquez votre score. Pour votre information, nous explicitons ici le sigle mais il est inutile de le faire sur votre CV.

A défaut de TOEIC et autres certificats, vous indiquez votre niveau de langue avec les mentions : « lu, écrit, parlé » ou même « parlé couramment ».

Pour la bureautique, énumérez les applications. Pour les applications « maison » (spécifiques à votre service ou à votre direction ou au ministère), explicitez l'acronyme. Pour chacune, indiquez votre niveau : initiation, pratique, maîtrise ou expertise.

La rubrique « informatique » est réservée aux informaticiens ; ils y citent les langages connus.

➤ La rubrique « activités de loisirs »

Cette rubrique n'est utile que si vos activités sont valorisantes parce qu'elles prouvent des compétences ou des qualités ou parce qu'elles peuvent susciter un dialogue.

Nous pouvons envisager trois cas :

• vous avez des responsabilités dans une association (président, trésorier…) et vous développez donc des compétences professionnelles dans ce cadre.

• Le thème est intéressant et vous êtes capable de le développer de manière professionnelle.

Exemple : un agent très impliqué dans une association de préservation de la nature a su présenter, sur demande, avec brio, les finalités de son action et le cheminement de sa réflexion.

• Il s'agit d'une activité sportive pratiquée de façon régulière et requérant des qualités particulières telles que l'endurance, la précision, le calcul des risques, etc.

En résumé, si vous aimez lire et que vous allez parfois à la piscine pour vous détendre, il est inutile de l'écrire.

La présentation « thématique » avec une rubrique « compétences »

Reprenons les rubriques déjà vues.

– Le pavé « identité » a les mêmes caractéristiques.

– Une rubrique nouvelle apparaît, intitulée « compétences » : vous y énumérez toutes vos compétences, quels que soient l'endroit et le moment où vous les avez acquises.

– La rubrique « expérience professionnelle » s'intitule plus volontiers « parcours professionnel » car c'est la notion de **cursus** qui est mise en valeur. Vous indiquez, toujours sous la forme rétro-chronologique, vos différentes fonctions et le lieu de leur exercice. Vous ajoutez éventuellement des informations sur le périmètre et sur les particularités.

– Les rubriques « formation et diplômes » ainsi que « activités de loisirs » sont identiques.

– La rubrique « langues et bureautique (ou informatique) » n'existe plus puisque ces informations sont naturellement dans la rubrique « compétences ».

– La rubrique « activités de loisirs » subsiste uniquement si elle est valorisante.

Vous trouverez deux illustrations (numéros 2 et 7) de cette présentation à la fin de ce chapitre.

Foire aux questions

➤ *Quelle présentation dois-je adopter ? « Classique » ou « compétences » ?*

Le critère de choix est toujours le même : quelle est la présentation qui vous valorise le mieux ?

Voici un éclairage : le CV « compétences » convient très bien pour les candidats ayant eu plusieurs postes quasi identiques ; ils seraient amenés à écrire plusieurs fois la même série de compétences ou activités. Elle peut aussi convenir pour de longues carrières.

➤ *J'ai beaucoup de diplômes, dois-je les énumérer tous ?*

Un curriculum vitae est un espace réduit dans lequel vous devez vous valoriser. Il faut donc faire preuve de bon sens.

Vos diplômes sont tous différents ? Vous les indiquez tous.

Vous avez eu une progression linéaire, c'est-à-dire une licence suivie d'une maîtrise, voire plus, dans la même spécialité ? Indiquez seulement le niveau le plus élevé.

Vous avez déjà une belle carrière ? Inutile d'indiquer votre bac.

Quelles sont les caractéristiques d'un « bon » CV ?

Les caractéristiques découlent évidemment de ce que nous avons évoqué dans le premier paragraphe.

Court

Incitatif

Précis

Clair

Cohérent

A jour

Court

Deux pages, au maximum. La mise en forme du CV est un redoutable exercice de synthèse!

L'idéal est de faire tenir votre expérience professionnelle sur la première page. Les rubriques «formation» et, éventuellement, «activités de loisirs», seront sur la seconde.

Le style est sobre. Il y a peu de phrases et vous vous efforcez de trouver des mots justes et forts.

L'expression «rédiger un CV» est inadaptée car, en réalité, il n'y a pas de rédaction. Les verbes «créer, mettre en forme, construire» sont plus adéquats.

Incitatif

Dès le premier coup d'œil, le destinataire a envie de le lire.

La présentation est aérée, avec une marge de 2,5 à 3 cm de chaque côté, en haut et en bas. Vous préférez mettre certains mots en gras plutôt que les souligner (ce qui empâte).

La police est sobre (Times new roman, Arial) et la taille permet une bonne lisibilité : 12 ou 11 ; 10 est la limite inférieure à ne pas dépasser.

Un petit test intéressant : prenez en main votre CV, tendez le bras : avez-vous envie de le lire?

Si vous le communiquez sur support papier, veillez à la qualité de ce dernier afin d'éviter que le simple séjour dans une enveloppe ne lui donne un aspect fripé et brouillon. Si vous l'envoyez *via* une messagerie internet, mettez-le au format Pdf afin d'éliminer le risque de modifications provoquées par les aléas de la transmission.

Dans tous les cas, faites une photocopie de vos pages pour contrôler la permanence de la lisibilité après ce type d'opération. Les grisés foncent parfois trop.

Précis

Vous apportez des faits et vous évitez les commentaires tels que *« c'était intéressant »*. Vous les donnerez dans votre lettre de motivation. Vous utilisez des mots précis.

Exemple : *« Veiller à la mise à jour de... »* devient *« tenir à jour... » ou « actualiser... »*

Clair

Vous évitez les sigles non explicités et les jargons. La lecture de votre CV ne doit pas devenir un jeu de devinette pour le recruteur.

Le défi est d'éviter les phrases (parce qu'elles prennent trop de place) en étant cependant complètement compréhensible !

Cohérent

Pour assurer une bonne lisibilité, les informations de même nature sont toujours situées au même endroit, dans un caractère et une taille identiques et avec la même nature de mots.

■ *Exemple*

2000-2004	**Direction AA – service XX – Bordeaux** ***Contrôleur*** – assurer... pour un territoire de... – rechercher... – rédiger...
1998-2000	**Direction BB – service YY – Libourne** ***Agent de constatation*** – accueillir – inventorier – etc.

Commentaire de l'exemple

Tous les repères chronologiques sont à gauche. Tous les lieux d'exercice des fonctions sont en gras. L'intitulé de chaque fonction est en italiques. Toutes les activités/compétences sont énumérées avec des verbes.

▸▸ Exercice

« Jeu des erreurs » : trouvez les quatre erreurs de cohérence.

Nous avons numéroté les lignes pour faciliter l'exercice.

L1a 2000-2004	**Direction AA – service XX à Lyon**	*L1b*
	Contrôleur	*L2b*
	– assurer… pour un territoire de…	*L3b*
	– rechercher…	*L4b*
	– rédaction…	*L5b*
L6a Avril 1998 à juin 2000	*Agent de constatation*	*L6b*
	Service YY à la direction BB – GRENOBLE	*L7b*
	– mon rôle consistait à accueillir…	*L8b*
	– j'ai réalisé l'inventaire de…	*L9b*

▸▸ Corrigé

1. L1a et L6a : les mois sont précisés pour le second emploi et pas pour le premier.

Commentaire : il est d'ailleurs souvent inutile de préciser les mois. Pour lever toute ambiguïté sur la durée ou pour valoriser celle-ci, vous pouvez ajouter la durée en mois ; exemple : 14 mois.

2. L1b et L7b : la direction et le service sont présentés dans un ordre différent pour chaque emploi. La ville est introduite avec une préposition « à Lyon », puis avec un tiret pour Grenoble. De plus, Lyon est en minuscules et Grenoble en majuscules.

3. L2b et L6b : dans le premier cas, l'emploi est en italiques gras et situé après le lieu d'exercice. Dans le second cas, il est avant le lieu et en caractères non gras.

4 et 5. L3b, L4b, L5b, L8b, L9b :
– premier emploi : les compétences sont indiquées avec deux verbes puis un substantif : *« assurer, rechercher, rédaction »* ;
– second emploi : il y a des phrases rédigées : *« mon rôle… », « j'ai… »*.

A jour

C'est un document évolutif ; si l'on vous confie une nouvelle mission, pensez à la reporter sur votre CV.

Foire aux questions

➤ *Faut-il mettre un titre ?*

Il est inutile d'écrire en titre « curriculum vitae » : la mise en forme du document est significative. Il est possible et parfois conseillé de donner un titre ; il met en valeur une compétence et/ou une caractéristique de votre parcours. Il a ainsi une vocation « marketing », pour vous détacher des autres candidats.

Vous jugerez si c'est pertinent, dans votre cas.

■ *Exemples de titres*

« Contrôleur de gestion expérimenté »
Raisonnement du candidat : actuellement peu de candidats peuvent se prévaloir de cette expérience.

« Une double compétence : ingénieur et manager »
Raisonnement du candidat : un survol rapide de mon CV donnerait l'impression que je suis surtout un ingénieur et pourtant, j'ai une autre compétence, tout aussi développée.

« Un parcours diversifié, riche »
Ici le candidat a allumé un « contre-feu ». Un survol rapide de son CV donne l'impression qu'il a « papillonné » : il met donc en avant les bénéfices de ce parcours qui pourrait être qualifié de chaotique.

➤ *Faut-il signer le CV ?*

Non.

➤ *Faut-il signaler les emplois occupés dans le privé ?*

Oui, ils font partie de votre expérience professionnelle !

➤ *J'ai eu une série d'emplois en intérim : dois-je reporter le nom de toutes les entités ?*

Non, regroupez-les sous une rubrique.

■ *Exemple*

« 2004-2005 (13 mois) : 5 missions d'intérim : surveillant, vendeur et employé de banque. »
Au cours de cette période, vous avez eu un emploi plus valorisant ou plus long ? Vous pouvez y faire référence : « ...dont X mois à tel endroit en tant que... »

Rappelez-vous deux choses :
– le CV n'est pas un formulaire administratif à remplir mais votre carte de visite – vous pouvez y prendre des initiatives ;
– votre objectif est de convaincre le lecteur que vous détenez des compétences intéressantes – vous reportez donc les informations qui vous semblent pertinentes pour atteindre cet objectif.

➤ *Dois-je indiquer les stages que j'ai faits ?*

– Oui, si votre expérience professionnelle est encore courte.
– Oui, si l'un de vos stages correspond au principe de pertinence évoqué plus haut : il indique des compétences ou la connaissance d'un environnement en concordance directe avec le profil recherché.

➤ *Faut-il avoir un ou plusieurs CV ?*

Vous mettez au point un CV qui vous sera utile dans la plupart des cas. Cependant, puisque sa finalité est de prouver que vous avez les compétences requises et de donner envie de vous rencontrer... vous mettrez parfois au point une nouvelle version qui valorise un poste proche de l'offre à laquelle vous répondez ou qui introduise les mots-clés de l'annonce.

➤ *Puis-je utiliser dans mon CV des couleurs (autres que le noir) ?*

Oui, mais plutôt une que plusieurs pour respecter le principe de sobriété. Vérifiez que les caractères demeurent lisibles après photocopie.

➤ *Faut-il y mettre une photo ?*

Ce n'est pas obligatoire, sauf si elle est demandée dans le texte de l'offre.

➤ *Comment transmettre le CV ?*

Conformez-vous à ce qui est demandé : support papier (lettre) ou dématérialisé (courriel).

– Papier : une page recto ou deux pages recto (pas de recto/verso).

– Par internet, indiquez les références de l'offre à laquelle vous répondez dans la rubrique « objet » du message. Si aucune lettre de motivation ne vous est demandée, inspirez-vous des conseils donnés au chapitre 5 pour le message d'accompagnement.

Sept exemples de CV

Vous trouverez ci-dessous une série de CV commentés :
– illustration 1 : cadre C – présentation « classique » ;
– illustration 2 : pour le même cadre C, le CV est remanié avec une présentation comportant une rubrique « compétences » ;
– illustration 3 : cadre B – présentation « classique » avec des activités de loisirs ;
– illustration 4 : cadre A – présentation « classique » ;
– illustration 5 : cadre A – longue carrière : la « présentation d'origine », assez maladroite ;
– illustration 6 : pour le même cadre A, le CV remanié avec une présentation « classique » ;
– illustration 7 : pour le même cadre A, le CV de nouveau remanié avec une présentation comportant une rubrique « compétences » ainsi qu'un titre.

Illustration 1 : cadre C – présentation « classique »

Linda Dewinter
3, boulevard Leclerc
0000 XXXXXXX

Mobile : 00 00 00 00 00
Courriel : xxxxxxxx

Agent administratif – 26 ans

Expérience professionnelle

Depuis 2008	**Rectorat de XXXX – division EEE** ***Assistante du chef de division et de son adjoint*** - assurer l'assistance d'une équipe de direction : agenda, réunions et déplacements, - accueillir tous les interlocuteurs, orienter, expliquer les procédures, - mettre en forme des rapports, - rédiger des courriers simples, - suivre le tableau de bord des affaires réservées, - mettre à jour la rubrique « FFF » sur l'intranet.
2007 – 2008 1 an	**Collège Louis Lumière à DDDD** ***Secrétaire du principal*** - accueillir physiquement et téléphoniquement tous les interlocuteurs internes et externes : décrypter les demandes, évaluer les priorités, traiter les urgences, respecter la confidentialité, - mettre en forme des courriers, - vérifier les dossiers avant transmission aux services compétents (inscriptions et bourses) : connaître la réglementation, - gérer administrativement le personnel enseignant et de surveillance : connaître et appliquer la réglementation et les procédures.
2004 à 2007 3 ans	**Lycée technique Varin à CCCC** ***Surveillante d'externat et maîtresse d'internat*** - accueillir et intégrer les élèves, - assister le principal : surveillance, gestion des absences, - aider les élèves dans et hors temps scolaires : aide aux devoirs, activités culturelles, - être médiateur entre les élèves et la communauté éducative et parfois les parents, - travailler en équipe pour résoudre les problèmes.

Formation et diplômes

2007 - Licence AES (Administration économique et sociale) – Lyon
2003 – Bac ES - Lyon

2005 - Médiation, négociation et résolution de conflits – RATP –Paris – 2 jours

Bureautique et langues
Maîtrise de word, excel, powerpoint, recherche sur internet
Anglais : lu, écrit
Espagnol : parlé couramment

Commentaire

Les rubriques et les repères chronologiques sont mis en valeur par un grisé léger.

L'utilisation de l'italique en gras pour les fonctions fait ressortir la progression : surveillante, secrétaire puis assistante.

La rubrique « formation » contient la mention d'un stage sur la médiation qui a semblé valorisant.

Absence de rubrique « activités de loisirs » car elle n'apportait rien de plus : lecture, un peu de sport et des voyages « classiques ».

Ce CV a été présenté lors d'une formation mais la candidate n'en était pas satisfaite ; elle estimait que ses compétences n'étaient pas assez mises en valeur. Nous en avons réalisé une nouvelle version, présentée page suivante (illustration 2) : les compétences sont regroupées par grands domaines, en haut de page.

Illustration 2 : cadre C

Reprise du CV de l'illustration 1 avec une présentation comportant une rubrique « compétences »

Linda Dewinter
3, boulevard Leclerc
0000 XXXXXXX

Mobile : 00 00 00 00 00
Courriel : xxxxxxxx

Agent administratif – 26 ans

Compétences

Secrétariat
- tenir un agenda, préparer des réunions et des déplacements,
- accueillir, orienter, évaluer les priorités, expliquer une réglementation ou des procédures,
- analyser un dossier, appliquer la réglementation et mettre en œuvre les procédures,
- rédiger des courriers et mettre en forme des rapports,
- créer et suivre un tableau de bord sous Excel,
- gérer les dossiers du personnel.

Relations humaines
- détecter des tensions, être médiateur et résoudre des conflits :
  Formation – RATP –Paris – 2 jours
- résoudre des problèmes en équipe.

Savoir être
Rigueur, disponibilité, confidentialité, diplomatie, réactivité, créativité.

Bureautique
- créer et mettre à jour une page sur l'intranet,
- maîtriser word, excel, powerpoint, recherches sur internet.

Langues
Anglais : lu, écrit
Espagnol : parlé couramment

Fonctions occupées

Depuis 2008	Rectorat de XXXX – division EEE ***Assistante du chef de division et de son adjoint***
2007 – 2008 1 an	Collège Louis Lumière à DDDD ***Secrétaire du principal***
2004 à 2007 3 ans	Lycée technique Varin à CCCC ***Surveillante d'externat et maîtresse d'internat***

Diplômes

2007 - Licence AES (Administration Economique et Sociale) – Lyon
2003 – Bac ES - Lyon

Commentaire

Le CV tient désormais sur une page.

La formation continue a été intégrée à la rubrique « compétences » dans une police plus petite.

La candidate a hésité à donner un titre à son CV : « assistante de direction ». Elle y a renoncé car elle compte justement sur la mobilité pour assurer d'autres fonctions.

Illustration 3 : cadre B – présentation « classique »

Des activités de loisirs pertinentes

Martin DUBAN
3, allée des Marronniers
44000 NANTES
Tél : XXXXXX
Tél professionnel : xxxxxxxxx
Courriel : XXXXXXXXXXXX

Secrétaire administratif – 28 ans

EXPÉRIENCE PROFESSIONNELLE

Depuis octobre 2008	***Responsable cellule gestion administrative et financière*** **Direction régionale de CCCC** - Nantes - pilotage et encadrement d'une équipe de sept gestionnaires : animation des réunions, entretiens d'évaluation, - gestion administrative et financière de 2 500 agents : mise en place d'un tableau de suivi, - contrôle de la paye.
2006 à 2008 18 mois	***Responsable informatique*** **Tribunal administratif** – Lille - gestion du parc informatique, - assistance aux utilisateurs : appropriation des nouveaux outils, diagnostic et résolution des problèmes, - développement du logiciel d'affranchissement de courrier suivi en partenariat avec une société de services. ***Assistant du secrétariat*** du greffier en chef - gestion des congés, - paiement des factures.
2003 à 2006 3 ans	***Secrétaire de brigade*** **Direction AAA** – Paris XX (quartier sensible) - enregistrement du courrier et des procédures judiciaires, - accueil téléphonique, - rédaction des affaires de type XXX.
2003 3 mois	***Stagiaire*** **Renault - Direction de l'informatique -** Guyancourt - sécurisation d'une banque de données.

INFORMATIQUE et LANGUES
Système de gestion des bases de données : Oracle
Langages : C, C++, Turbo, HTML, SQL, PHP, Java.
Anglais : lu, écrit, parlé. TOEIC : 850 points

FORMATION et DIPLÔMES
2008 stage d'adaptation cadre B – 5 mois – École nationale XXX
2001-2003 DUT informatique – option génie informatique – IUT d'Orsay – Paris XI
2001 Bac S – option « sciences de l'ingénieur »

ACTIVITÉS de LOISIRS
2006- 2008 : Animation club « internet pour tous » – Villeneuve
Blog : http://www.profwebfr/blog

Commentaire

Le candidat a ouvert une rubrique « activités de loisirs » car celles-ci sont valorisantes, en accord avec son profil professionnel. Il a évidemment contrôlé que son blog soit suffisamment « professionnel » pour le mentionner dans le CV.

Illustration 4 : cadre A – présentation « classique »

Christian BERTRAND
10, rue de la Rivière
XXXXX FERRIERES

Tél professionnel : 00 00 00 00 00
Mobile : 11 11 11 11 11
Courriel : christian.bertrand@xxx.gouv.fr

Attaché

EXPÉRIENCE PROFESSIONNELLE

Ministère AAA

Depuis 2005 **Direction BBBB – Département CCC**
Programmation, organisation, coordination et qualité des missions d'audit
Adjoint du chef de département

- animer et gérer une équipe de 17 personnes,
- superviser l'organisation des missions (50 par an),
- élaborer le budget prévisionnel du département,
- élaborer les cahiers de charges pour les marchés,
- animer le réseau des auditeurs externes,
- exercer la veille méthodologique.

2000 à 2005 **Direction EEE - Sous-direction FFF**
Rédacteur, chargé du suivi du code XX, de son élaboration jusqu'à sa publication et sa mise en œuvre.
Phase d'élaboration et publication :

- organiser la concertation avec l'ensemble des acteurs concernés (publics et privés),
- rédiger le Code et les mesures d'accompagnement (textes d'application, instructions, fiches techniques),
- veiller à l'harmonisation avec la réglementation communautaire,
- suivre le texte au Conseil d'État.

Phase de mise en œuvre :

- conseiller et apporter un appui technique auprès des utilisateurs du Code,
- expertiser la partie juridique des dossiers pour tous les ministères concernés.

FORMATION et DIPLÔMES

1999-2000	IRA de Metz
1998-1999	Préparation ENA- Institut d'Etudes Politiques - Bordeaux
1998	Licence en droit public (droit administratif ; droit du travail) - Bordeaux
1995	Bac L – mention bien - Bordeaux

LANGUES et BUREAUTIQUE

Anglais : lu, écrit, parlé et téléphoné
Espagnol : lu, écrit, parlé
Maîtrise du pack office Microsoft
Maîtrise de la recherche sur internet

Commentaire

Toute la carrière de cet agent s'est déroulée dans le même ministère : le nom de celui-ci ne figure donc qu'une seule fois. Le candidat a donné quelques données chiffrées sur son poste actuel : nombre d'agents encadrés et nombre de missions.

Illustration 5 : cadre A – « longue carrière » (présentation d'origine)

Vous trouverez ici le CV d'une personne présentant une longue carrière.

▸▸ Exercice

Vous pouvez faire de la lecture de ce CV un exercice. Vous êtes dans le rôle de recruteur :
- quelle est votre première impression ?
- quelles compétences avez-vous repérées ?
- quelle personnalité semble se dégager ?

Vous pourrez lire ensuite notre commentaire, puis les deux nouvelles versions de ce CV en « illustration 6 » et « illustration 7 ».

Monique DUPONT
49 ans
Attachée 2e classe 7ème échelon
Département du personnel
Tél : XXXXX
Mél : XXXXX

DIPLÔMES
BEP sténo-dactylographe correspondancière en 1976
CAP sténo-dactylographe en 1975
BEPC en 1973

DÉROULEMENT DE CARRIÈRE
197x : recrutée sténo-dactylographe par concours externe
198x : nommée commis par concours interne
199x : nommée contrôleur par concours interne normal
199x : promue chef de section par tableau d'avancement
2002 : promue contrôleur principal par tableau d'avancement
2003 : promue attachée sur liste d'aptitude

POSTES OCCUPÉS AU MINISTÈRE AAA

Depuis 2005 : Direction des ressources humaines **- poste d'attaché confirmé** : Responsable de la section « affaires générales », j'encadre une équipe de 5 personnes (2B et 3 C). Nous sommes chargés des dossiers de notation, de NBI, de procédures disciplinaires, de demandes de révision de notation, de droits syndicaux, de statistiques de grèves et de la base de données des horaires variables.
En plus du management de l'équipe et de la supervision des dossiers, je m'occupe personnellement des procédures disciplinaires, de la base des horaires variables et des droits syndicaux.

Je participe à divers groupes de travail :
- pour la mise en place du SIRH (Système d'information des ressources humaines),
- pour le lancement d'un appel d'offres pour un logiciel d'horaires variables,
- pour l'adaptation de la formation au nouveau système d'information des ressources humaines : formatrice référente.

2000 à 2005 *:* **poste d'attaché** : Responsable de la cellule « administration des ressources » de la Direction ZZZ et responsable formation de cette direction.

A ce titre, j'étais responsable de l'ensemble des moyens de gestion des ressources humaines, financières, informatiques et matérielles de la Direction. J'encadrais une équipe de 5 personnes (2B, 3C) et gérais particulièrement pour la direction tous les dossiers liés au budget, aux tableaux de bord, à la notation, en relation directe avec le directeur et les chefs de départements et de divisions, ainsi que les différents intervenants du Secrétariat général.

Dans le cadre du projet XXX, j'étais responsable en organisation. J'ai participé à ce titre à plusieurs groupes de travail – équipe de projet, comité de pilotage, ateliers de conception générale et de conception détaillée pour l'avancement du projet.

J'ai également participé au groupe chargé de la mise en place des horaires variables à la DG en 2002 : paramétrage du système, présentation de l'outil aux utilisateurs.

De 1997 à 2000 : j'ai occupé deux postes **d'attaché** au sein des divisions de gestion du département du personnel, en fonction des différentes réorganisations de ces divisions :
– Tout d'abord j'ai occupé le poste de chef de la section « gestion statutaire des cadres A et des chargés de mission » : encadrement de 4 agents (2 B, 2C) chargés de la préparation des CAP (titulaires) et des CCP (contractuels) et conseiller en gestion pour les affaires courantes (absences, temps partiel, etc).
– Puis, après une réorganisation, je me suis occupée de la gestion transversale dans différents domaines (assistance aux gestionnaires, formations à l'outil informatique, dossiers spécifiques : reclassement des contrôleurs principaux suite au changement de statut, création d'un mémo des règles de gestion des différentes catégories de personnel…).

COMPÉTENCES SPÉCIFIQUES :

- Formatrice référente
- Connaissance du langage SQL
- Outils bureautiques : WORD, EXCEL, POWER POINT, OUTLOOK
- ANGLAIS : niveau scolaire

Commentaire

Nos réponses aux questions posées

– *Quelle est votre première impression ?*
Une belle carrière maladroitement mise en valeur !
La lecture est malaisée, notamment parce que c'est trop rédigé.

– *Quelles compétences avez-vous repérées ?*
Après un effort de concentration, nous avons détecté :
– manager une petite équipe ;
– utiliser le langage SQL ? (ce n'est pas certain) ;
– gérer administrativement des ressources humaines.

– *Quelle personnalité semble se dégager ?*
Une personne volontaire, soucieuse de voir reconnaître son indéniable mérite.
Consciencieuse mais peu apte à la synthèse.

Analyse du document

La stratégie adoptée

La carrière est longue et la candidate a choisi de ne reporter sur son CV que les treize dernières années correspondant aux postes d'attaché. Il était possible de citer les postes précédents, en les regroupant éventuellement, pour signaler la connaissance d'environnements et de métiers différents.

Les rubriques « diplômes » et « déroulement de carrière » sont en première position. Dans les paragraphes décrivant les postes, le grade d'attaché est mis en valeur (en gras) plutôt que la responsabilité assurée. Il est vrai que cette personne a assuré des postes d'attaché pendant six ans avant d'obtenir le grade. Ces maladresses donnent l'impression que la candidate met en avant sa progression et son mérite plus que ses compétences.

La présentation

L'identité est bien timide : le nom et le prénom ne ressortent pas sur la feuille et ce CV sera facilement noyé au milieu de la pile.

L'ordre des rubriques est celui d'une débutante ; une personne expérimentée place ses diplômes à la fin du CV. De plus, dans le cas présent, ils sont en décalage total avec les responsabilités exercées. Ils sont anciens et non valorisants.

Le fait que le CV soit rédigé complique le repérage des informations.

Les informations

La réflexion sur la pertinence des informations à donner n'est pas suffisamment aboutie. Certaines informations sont imprécises, comme *« paramétrage du système »* et *« présentation de l'outil aux utilisateurs »* : y a-t-il des compétences en informatique et la « présentation » était-elle une formation ?

Nous manquons d'informations à propos de fonctions valorisantes : responsable formation et gestionnaire de l'ensemble des ressources pour une direction employant combien d'agents ?

La rubrique « Diplômes » aurait probablement pu être étoffée en ajoutant le terme « formations », afin d'y ajouter les formations continues les plus déterminantes.

La rubrique « Compétences spécifiques » est un « fourre-tout » : informatique, bureautique, anglais et… une compétence de formatrice.

A contrario, nous bénéficions de précisions superflues : la composition exacte des équipes encadrées.

De nombreux noms et sigles entravent la compréhension.

L'illustration proposée ci-dessous reprend les mêmes informations mais avec une stratégie de clarification.

Illustration 6 : cadre A – longue carrière (CV remanié avec une présentation « classique »)

Monique DUPONT
49 ans
Attachée 2e classe 7ème échelon
Tél : XXXXX
Mél : XXXXX

EXPÉRIENCE PROFESSIONNELLE
Ministère AAA

Depuis 2005	**Direction des ressources humaines** ***Responsable de la section « affaires générales »*** - Encadrement d'une équipe de 5 personnes - Supervision des dossiers de notation et de NBI - Traitement des procédures disciplinaires, de la base des horaires variables et des droits syndicaux., - Participation aux groupes de travail : - mise en place du SIRH ministériel (Système d'information des ressources humaines), - lancement d'un appel d'offres pour un logiciel d'horaires variables, - adaptation de la formation au nouveau système d'information des ressources humaines, - Conception et animation de la formation au SIRH : formatrice référente.
2000 à 2005	**Direction CCC** ***Responsable de la cellule « administration des ressources » et Responsable formation*** - Gestion de l'ensemble des ressources humaines, financières, informatiques et matérielles de la Direction : budget, tableau de bord. - Relations directes avec le directeur, les chefs de département et le Secrétariat général. **Projet XXX** ***Responsable de l'organisation*** : - Membre du Comité de pilotage, - Contributrice dans les ateliers de conception générale puis détaillée. Projet de mise en place des horaires variables : paramétrage du système et présentation aux utilisateurs. *✓ 2002 : promue contrôleur principal* *✓ 2003 : promue attachée*
1997 à 2000	**Direction du personnel** ***Chef de section « gestion statutaire des cadres A et des chargés de mission »*** - Encadrement de 4 agents - Préparation des CAP (titulaires) et des CCP (contractuels) - Conseil en gestion pour les affaires courantes (absences, temps partiel, etc).

Puis, ***responsable de la gestion transversale*** :
- Assistance aux gestionnaires,
- Création d'un mémo des règles de gestion des différentes catégories de personnel,
- Reclassement des contrôleurs principaux suite au changement de statut,
- Formations à l'outil informatique.

INFORMATIQUE et LANGUES

- Langage SQL
- Bureautique : Word, Excel, Power point, Outlook
- Applications de gestion : FFF, GGG, HHH.
- ANGLAIS : niveau scolaire

FORMATIONS et DIPLÔMES

1976 BEP sténo-dactylographe correspondancière
????

Commentaire

Dans cette nouvelle version, nous avons simplement tenté de classer les informations pour améliorer la visibilité sur les compétences.

Nous avons mis en gras le prénom et le nom.

Nous avons raccourci le paragraphe « Diplômes » pour ne garder que le dernier (niveau le plus haut) ; nous avons ajouté la mention « Formations » pour inviter la candidate à y ajouter les stages significatifs qu'elle a probablement suivis dans le cadre de la formation continue.

Nous avons supprimé :
– le paragraphe « déroulement de carrière » et réintégré dans la chronologie les deux dernières promotions ;
– la mention « deux postes d'attaché » de 1997 à 2000 ; la candidate pourra expliquer la particularité de sa situation dans la lettre de motivation (avoir assuré des postes d'attaché avant d'en avoir le grade) ;
– le détail de la composition des équipes, pour alléger.

Nous avons mis en valeur (en italique gras) les responsabilités assurées.

Nous reprenons dans le CV donné page suivante le même parcours, avec une présentation comportant une rubrique « Compétences » et un titre.

Illustration 7 : cadre A – longue carrière (CV remanié avec une rubrique « compétences » et un titre)

Monique DUPONT
49 ans
Attachée 2e classe 7ème échelon
Tél : XXXXX
Mél : XXXXX

10 années de management d'équipes Ressources Humaines

COMPÉTENCES

- Encadrer une équipe
- Contribuer à des projets à caractère informatique (Système d'Information des Ressources Humaines, horaires variables, projet XXX, appel d'offre)
- Gérer les dossiers du personnel, notation, NBI, procédures disciplinaires, droits syndicaux
- Être conseiller pour les dossiers de gestion du personnel
- Formaliser des règles de gestion du personnel
- Reclasser du personnel
- Préparer des CAP et CCP
- Gérer une base d'horaires variables
- Être responsable formation pour une entité de x agents
- Concevoir et animer des formations à l'utilisation d'outils de gestion
- Utiliser le langage SQL
- Maîtriser Word, Excel, Power point, Outlook
- Maîtriser les applications de gestion : FFF, GGG, HHH

PARCOURS PROFESSIONNEL
Ministère AAA

Depuis 2005
Direction des ressources humaines
Responsable de la section « affaires générales »
- Encadrement d'une équipe de cinq personnes,
- Participation active et simultanée à plusieurs projets.

2000 à 2005
Direction CCC
Responsable de la cellule « administration des ressources » et responsable formation
- Encadrement d'une équipe de cinq personnes,
- Gestion des ressources humaines, financières, informatiques et matérielles pour toute la direction (budget, tableau de bord, notation).

✓ *2002 : promue contrôleur principal*
✓ *2003 : promue attachée*

1997 à 2000
Direction du personnel
Chef de section « gestion statutaire des cadres A et des chargés de mission »
Puis, ***responsable de la gestion transversale*** :
- Encadrement d'une équipe,
- Reclassement des contrôleurs principaux suite au changement de statut.

FORMATIONS et DIPLOMES
1976 BEP sténo-dactylographe correspondancière
????

LANGUES
Anglais : niveau scolaire

Commentaire

Nous avons ajouté un titre à la nouvelle mouture; il serait adapté à une candidature pour un poste dans le domaine des ressources humaines. Pour une candidature dans un autre domaine, nous afficherions simplement « *10 années de management d'équipe* ».

Nous avons regroupé les compétences dans un paragraphe dédié. Nous avons ensuite seulement mis en valeur les particularités de chaque poste.

Retenir l'essentiel

Construire un CV efficace

– C'est une affaire de **forme** : donnez envie de lire votre CV dès le premier coup d'œil par une présentation aérée et sobre.

Facilitez la prise de connaissance des informations grâce à la mise en valeur des paragraphes et des mots-clés ainsi que par la cohérence de la présentation.

Présentation « classique » ou avec une rubrique « compétences » ? Vous opterez pour la présentation qui valorisera le mieux vos compétences.

– C'est une affaire de **fond** ; motivez le lecteur-recruteur, donnez-lui envie de vous recevoir en lui apportant les informations dont il a besoin pour être rassuré : vos compétences correspondent largement à celles qu'il recherche.

Parce que le format du CV est restreint, vous recherchez les mots précis et vous exercez pleinement votre esprit de synthèse. Ce que vous y écrivez n'est pas là « par hasard ». Pour chaque information transmissible, vous avez éliminé la question « est-ce que je dois la mettre ? » ; vous avez préféré la question « est-ce que cela concourt à me valoriser ? ».

Le CV est un concentré du passé (votre carrière) tourné vers le futur : la rencontre avec le recruteur et l'obtention de votre prochain poste.

Si vous le faites relire par quelques personnes, vous bénéficierez de conseils qui seront parfois contradictoires. Alors rappelez-vous qu'il s'agit de *votre* carte de visite détaillée et que celle-ci doit « vous ressembler » ; il faut que vous vous y sentiez bien.

En conclusion

Pour construire un CV efficace, il convient de se mettre résolument dans la peau du recruteur : il dispose de peu de temps et il recherche des informations précises.

Chapitre 4

Analyser une offre

Voici le contexte de ce chapitre : votre décision de réaliser une mobilité est prise et vous trouvez des offres qui pourraient, à première vue, vous convenir.

Dans ce chapitre, vous pourrez acquérir une méthode pour analyser une offre. Cette démarche détermine votre efficacité pour les trois étapes suivantes :
– décider de vous porter ou non candidat sur une offre, avec un raisonnement le plus objectif possible pour éviter les déceptions ultérieures ;
– rédiger une lettre de candidature parfaitement adaptée si vous décidez de candidater ;
– enfin, si vous êtes convoqué pour un entretien, vous y préparer pour vous présenter sous votre meilleur jour, certes, mais aussi repérer les questions à poser pour éclairer votre réflexion avant de décider de donner suite ou non.

Nous verrons d'abord comment analyser une offre avec la démarche des « trois regards », en nous appuyant sur un exemple. Puis nous envisagerons votre prise de décision et, enfin, la préparation de l'entretien avec l'inventaire des éléments à éclaircir avant ainsi que des questions à poser.

Que contient une fiche de poste?

Voyons d'abord votre ressource : le **contenu** de la fiche de poste. La plupart des fiches de poste s'inspirent des fiches du RIME (répertoire interministériel des métiers de l'État) :
Intitulé du poste
Catégorie, statut, corps
Domaine fonctionnel
Emploi type
Localisation administrative et géographique
Missions du service
Activités principales
Spécificités du poste (contraintes et sujétions)
Compétences principales (ou profil) : savoirs, savoir-faire et savoir être
Durée attendue sur le poste.

Vous avez par conséquent à votre disposition un nombre appréciable d'informations pour évaluer l'opportunité de répondre à l'offre.

La démarche des trois regards

Candidater intelligemment, en mettant toutes les chances de son côté pour être retenu, prend du temps. Mieux vaut donc investir dans une réflexion préalable avant de se lancer.

Nous vous proposons une démarche : deux regards successifs et un troisième, transversal, exercé parallèlement.

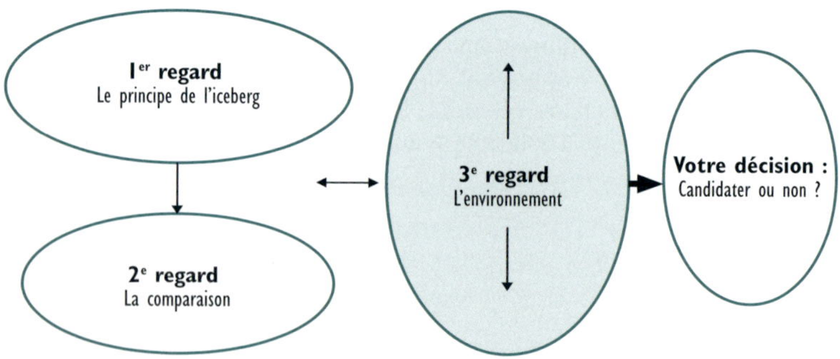

Le premier regard : le principe de l'iceberg

Vous connaissez le principe de l'iceberg : il a une partie visible (qui émerge) et une partie invisible au moins aussi importante que la première, voire bien plus…

Il en est bien souvent de même pour une offre d'emploi.

Dans la partie « profil » ou « compétences », vous trouvez une énumération de savoirs, savoir-faire et savoir être : ce sont les « compétences énoncées ». Si vous lisez attentivement la description des missions, vous comprenez que, pour les exercer, il faut disposer de compétences supplémentaires : ce sont les compétences « déduites ». Vous pouvez les découvrir par l'intermédiaire de mots qui jouent le rôle d'alerte.

■ *Exemple*

Nous vous proposons de lire la fiche de poste présentée page suivante.

Fiche de poste

Intitulé du poste :
Collaborateur ou collaboratrice chargé du suivi des affaires relatives à l'action sociale

Catégorie : B +
Famille professionnelle : administration, logistique et contrôle
Motif de recrutement : création de poste

Description du service
La sous-direction des politiques sociales et des conditions de travail met notamment en œuvre les prestations sociales dont bénéficient les agents du ministère. Le bureau en charge des prestations et du réseau de l'action sociale assure le pilotage de la mise en œuvre des prestations d'action sociale (restauration, logement, vacances, loisirs). Le poste à pourvoir se situe au sein de la division qui est en charge de la mise en œuvre de la politique du ministère en matière de construction et de maintenance des centres de vacances et des restaurants administratifs ainsi que de leurs équipements. La division a également pour mission d'aider les responsables des associations de gestion des restaurants dans leur activité de gestion et de contrôle de la prestation.

Activités principales du poste
Gestion de procédures
Contrôle, vérification
Conseils
Veille

Description du poste
Le titulaire sera chargé, sous la responsabilité d'un cadre A, de conduire des audits de gestion et d'exploitation de restaurants collectifs, de prodiguer des conseils en aménagement et en équipement de ces structures de restauration, d'apporter son concours dans le cadre de la passation des marchés publics de prestations de restauration et d'achat de matériels. Il sera également correspondant/chef de projet sur les opérations immobilières concernant les restaurants administratifs et les centres de vacances.

Nombre d'agents dans le bureau : 8.

Informations complémentaires
Relations internes et externes :
- avec les autres services de la direction
- les agents du ministère
- les autres directions
- les services déconcentrés
- le secteur privé.

Déplacements (province et étranger)

Profil du candidat
Qualités relationnelles, sens du travail en équipe, goût pour la mobilité.
Utilisation des outils bureautiques (Excel, Word).

Essayons de découvrir à présent la partie *immergée* de l'iceberg.

Le tableau ci-dessous reprend les compétences déduites après une lecture plus attentive des différentes rubriques.

Rubrique	**Mot « alerte »** (c'est-à-dire qui a attiré notre attention)	Compétence déduite
Activités principales du poste	Veille	Être capable de mener une veille et d'en rendre compte
Description du poste	Audit	Conduire un audit de gestion et exploitation des restaurants collectifs
	Marchés publics	Connaître les normes applicables aux restaurants collectifs
	Chef de projet	Connaître le Code des marchés publics
		Connaître les spécificités du travail en mode projet
Informations complémentaires	Déplacements	Être disponible

Le second regard : la comparaison

Le second regard consiste à comparer la liste des compétences attendues (c'est-à-dire énoncées + déduites) avec votre propre liste de compétences.

Cette opération est facile si vous avez mené un auto-bilan de carrière clairvoyant.

Nous vous proposons ci-dessous un tableau qui facilite cette comparaison.

Compétences attendues (énoncées ou déduites)	**Mes compétences** (d'après mon bilan de carrière)				
	Je suis capable de transmettre	Je suis expert	Je maîtrise	J'ai juste acquis	Je n'ai pas

En résumé :	
Mes points forts	**Mes points faibles**

Le troisième regard : l'environnement

Le troisième regard est transversal. Vous le développez parallèlement aux deux premiers qui, eux, étaient successifs.

C'est le moment de consulter vos sources d'informations et de solliciter votre réseau pour tenter de répondre aux questions ci-dessous :
- Quelles sont les missions de cette direction et/ou de ce service ?
- Quels sont les moments forts de l'année ? Les cycles ?
- Quels sont les partenaires du service ?
- Quelles sont la taille et la composition de l'équipe ?
- Quelle est sa culture ? Quelles sont ses valeurs* ?
- Quel est l'avenir de cette entité ?

* Une valeur s'exprime par des substantifs (liberté, égalité, fraternité). Pour un service : fiabilité, convivialité, solidarité, réactivité, modernité, sens du service public, etc.

Décider de candidater ou non

Vous avez maintenant suffisamment d'informations pour décider de candidater ou non pour cette offre. Une décision se prend en fonction de **critères.**

En voici au moins deux pertinents.

➤ La probabilité d'être retenu

Un repère utile : détenir les deux tiers des compétences attendues. Mais utilisez ce pourcentage avec bon sens. Si le tiers manquant est décisif, abandonnez !

■ *Exemple*

Il faut être capable d'animer les réunions annoncées comme nombreuses ; or, non seulement vous ne savez pas animer, mais encore vous détestez ce type de situation.

➤ La cohérence au regard de votre objectif

Recentrez-vous sur votre vision et sur votre objectif. Nous avons vu cette notion dans le chapitre 1. La candidature contribuera-t-elle à atteindre votre objectif ?

■ *Exemple*

Une candidate est très séduite par un poste, objectivement intéressant et situé au sein d'une mission. Son réseau la met en garde : avec la RGPP (révision générale des politiques publiques), cette mission risque fort de disparaître.

Dans ses objectifs, elle avait noté qu'elle avait besoin d'un poste pérenne après avoir fait de brefs passages dans deux postes successifs.

Elle prend en compte le risque énoncé et décide (à grand regret) de ne pas se porter candidate. L'avenir lui a donné raison, la mission a effectivement disparu.

Avec la même information, un autre candidat, muni d'autres critères, se serait peut-être engagé quand même dans cette voie.

Cet exemple veut montrer qu'une décision est **personnelle**. Chacun utilise des critères différents mais chacun a tout intérêt à s'être forgé des critères de décision.

Vous trouverez ci-dessous un tableau qui vous aide à prendre la décision de candidater ou non. Ajouté au tableau précédent, il constitue une fiche.

Les informations recueillies à propos de l'environnement
Ma motivation (notamment au regard de mon objectif)
Conclusion : je postule ?

Vous avez décidé de candidater ?

L'étude approfondie que vous venez de mener avec les trois regards vous fournit tous les éléments pour franchir allégrement et efficacement l'étape suivante : la rédaction d'une **lettre de motivation** très personnelle et parfaitement adaptée à l'offre (voir chapitre 5).

Inventorier des éléments pour nourrir l'entretien

Vous avez franchi avec succès le cap de la première sélection ? Bravo ! Vous êtes donc maintenant en train de préparer l'entretien avec le recruteur.

Nous vous proposons de relire l'annonce une nouvelle fois pour y glaner les éléments qui nourriront l'entretien. Ils sont de deux natures différentes :
- les points à éclaircir avant l'entretien ;
- les questions à poser.

Les points à éclaircir avant l'entretien

S'il y a, dans l'annonce, des concepts ou des mots techniques que vous ne connaissez pas ou peu, vous avez intérêt à en rechercher les définitions. Grâce à ces nouvelles connaissances, vous comprendrez mieux ce qui est attendu de vous ainsi que votre futur environnement. Elles vous amèneront peut-être aussi à poser des questions.

■ *Exemple*

Nous avons repris la fiche de poste (de la page 74) et nous avons inventorié les points sur lesquels nous nous documenterions avant l'entretien.

Rubriques de la fiche de poste	Points à éclaircir
Description du service	Quels sont l'organigramme de la sous-direction et celui du bureau ?
	Comment se présente le réseau de l'action sociale : nombre de restaurants, centres de loisirs, etc. ?
	Quelles sont les grandes lignes de la politique sociale du ministère ? Y a-t-il eu des changements récents ?
	Qu'est-ce qu'un pilotage ?
Activités principales	En quoi consiste une veille ?
Description du poste	Qu'est-ce qu'un audit de gestion ?
	Quelles sont les réglementations s'appliquant aux restaurants collectifs ?
	Quelles sont les différentes formes de marchés publics ?
	Quelles sont les attributions d'un chef de projet ? Qu'est-ce que le travail en mode projet ?

Les questions à poser

Au cours de l'entretien, le recruteur vous demandera probablement si vous avez des questions et il vaudra mieux en avoir car c'est un signe de motivation. Elles montreront que vous avez cherché à vous projeter dans le poste.

Votre liste de questions peut être longue mais vous ne les poserez pas toutes. En effet, au cours de l'échange, le recruteur en traitera probablement spontanément quelques-unes et vous les éliminerez au fur et à mesure.

■ *Exemple*

Nous avons repris la fiche de poste (page 74) et nous avons listé les questions ci-dessous.

Rubriques	Questions
Description du service	Pour le pilotage, existe-t-il un tableau de bord ? Le service aide les responsables des associations de gestion des restaurants dans leur activité de contrôle de la prestation. Qu'entendez-vous par là ? S'agit-il de la qualité des repas ?
Activités principales	Sur quels sujets précis devrai-je mener une veille ?
Description du poste	Qui passe les marchés ? Existe-t-il une procédure déjà établie pour réaliser l'audit de gestion ? En ce qui concerne les opérations immobilières, y a-t-il un chef de projet pour toutes ou un chef de projet pour chaque opération ? Quelles sont les missions des sept autres agents du service ?
Informations complémentaires	Quel est le nombre de déplacements à effectuer, en moyenne, par mois ? Comment sont-ils répartis dans l'année ? Pour les déplacements à l'étranger : dans quels pays ? Faut-il connaître la langue ?
Profil du candidat	Quels sont les travaux à effectuer sur Excel ?

Retenir l'essentiel

Analyser une offre de poste consiste à la relire plusieurs fois sous des angles différents en se focalisant sur les compétences.

Cette opération prend un peu de temps mais c'est un investissement qui génère un triple bénéfice :

1. vous prendrez une décision plus éclairée à propos de votre candidature ;
2. vous disposerez d'éléments précis pour rédiger une lettre de motivation bien orientée ;
3. vous préparerez des questions pertinentes à poser au recruteur lors de l'entretien. Celui-ci les appréciera et, de votre côté, vous détiendrez plus d'informations pour prendre votre décision d'accepter ou non le poste.

Chapitre 5

Rédiger une lettre de candidature ou de motivation

Vous avez décidé de vous porter candidat sur un poste. Votre curriculum vitae est prêt. Vous l'avez même peut-être modifié pour valoriser l'une de vos compétences ou expériences, par rapport au poste qui vous intéresse.

Il est bien entendu exclu d'envoyer ce document sans accompagnement !

Ce sera une lettre de motivation, ou un courriel rédigé dans le même esprit.

La particularité de la lettre de motivation est son caractère **très personnel et circonstancié**. Personne ne peut écrire cette lettre à votre place et elle est en miroir vis-à-vis de l'offre : à chaque offre correspond une lettre.

Dans ce chapitre, nous définirons d'abord les finalités de la lettre de motivation ainsi que ses caractéristiques. Nous vous donnerons ensuite quelques conseils sur la manière de la concevoir et nous terminerons avec quelques illustrations commentées.

Quelles sont les finalités d'une lettre de motivation ?

Tout d'abord, est-ce une lettre de candidature ou de motivation ? Quel que soit le terme employé dans l'offre, nous parlerons de *lettre de motivation* car c'est votre motivation qui suscitera l'envie de lire votre CV puis de vous rencontrer.

Voici les quatre finalités d'une lettre de motivation :
- prouver que vous avez bien lu l'offre ;
- prouver que votre profil correspond « justement » à celui qui est recherché ;
- donner envie de lire votre CV, qui lui-même donnera envie de vous rencontrer ;
- prouver que vous êtes motivé, c'est-à-dire que vous avez vraiment envie d'obtenir ce poste.

Au-delà, cette lettre donnera également des indications sur la qualité de votre écriture (structure, clarté, précision du vocabulaire, correction de la syntaxe) ainsi que sur vos capacités à argumenter.

Foire aux questions

➤ *Est-ce vraiment une lettre ?*

Il s'agit souvent, aujourd'hui, d'un courriel mais ce n'est qu'une modification du support. L'esprit et la construction sont identiques. Pour des raisons pratiques, nous utiliserons toujours, dans ce chapitre, le terme de « lettre ».

A la fin de ce chapitre, l'illustration 2 est un courriel.

➤ *Faut-il toujours envoyer une lettre de motivation ?*

Lorsqu'elle est demandée, il est évident que vous devez l'écrire...

Si elle n'est pas demandée, nous vous conseillons d'accompagner la transmission de votre CV d'un petit texte s'inspirant des conseils donnés dans ce chapitre.

➤ *Que faut-il écrire lorsqu'il s'agit d'une candidature spontanée ?*

Le premier paragraphe sera différent mais l'esprit sera le même. Nous vous donnons des indications plus précises dans le paragraphe dédié à la structure de la lettre (page 84).

Quelles sont les caractéristiques d'une « bonne » lettre de motivation

Courte et attrayante		Argumentée
	Limpide et dynamique	

Première caractéristique : courte et attrayante

La présentation et le respect des formes

Votre lettre tient sur une page.

Comme pour le CV, le papier est de bonne qualité.

La marge gauche est d'au moins 2,5 cm.

En haut, à gauche, vous inscrivez vos prénom, nom (dans cet ordre) puis votre adresse, vos numéros de téléphone et adresse électronique.

Vous rappelez les références de l'offre dans la rubrique « objet ».

Si le nom du destinataire a été précisé, vous écrivez « A l'attention de Monsieur X (ou Madame Y) » et vous ajoutez la fonction, si vous la connaissez.

■ *Exemple*

A l'attention de Madame Sidonie Prys, directrice

Madame,

Vous...

Vous remarquez que nous n'avons pas écrit :
Madame Prys,
Vous...

Si vous ne savez pas à qui vous vous adressez (Monsieur ou Madame), vous écrivez « Madame, Monsieur ». Dans tous les cas, vous pensez à écrire la même chose pour la formule de politesse.

Votre signature (sans votre fonction) est située dans la partie droite en bas de la feuille. Il est inutile de reprendre votre prénom et votre nom puisqu'ils se trouvent en haut de la feuille.

Si vous écrivez un mail, il n'y a pas de signature et vous reprenez votre prénom suivi de votre nom sous le texte.

La structure

Dès le premier coup d'œil, votre lettre apparaît structurée ; la présentation est aérée avec des paragraphes bien distincts.

Nous vous conseillons d'adopter un plan en trois « mouvements », aussi bien pour une candidature spontanée que pour répondre à une offre.

Nous utilisons le mot « mouvement » pour marquer le fait qu'il ne s'agit pas de trois paragraphes. Un « mouvement » peut être développé sur plusieurs paragraphes et c'est d'ailleurs presque toujours le cas pour le deuxième.

Premier mouvement

(C'est souvent un paragraphe.) Vous reprenez les principaux points de l'offre. Vous prouvez ainsi que vous l'avez bien lue et analysée et que vous savez synthétiser. Vous expliquez pourquoi cette offre a retenu votre attention.

En cas de candidature spontanée, vous indiquez la raison de votre choix ; vous répondez aux questions : pour quel poste postulez-vous ? Pourquoi dans ce service précisément ? Pourquoi maintenant ?

■ *Exemple*

«Votre service est en cours de restructuration et, de mon côté,... » ou «Vous allez développer tel projet... » ou « Les missions (ou telle mission) de votre service m'intéressent car... ».

Évitez la flagornerie du genre : *« La réputation de votre service est telle... », « Vous êtes tellement... »*

Deuxième mouvement

Vous mettez en parallèle les compétences requises et celles que vous détenez. C'est un paragraphe ou plus.

L'esprit est le suivant : *« Vous recherchez quelqu'un qui soit capable de... Et justement, moi je... »*. Bien entendu, vous apportez des **arguments** à propos de vos compétences : il s'agit de **faits,** c'est-à-dire des missions déjà remplies. L'art est d'en dire juste suffisamment pour susciter le besoin de consulter le CV qui, lui, apporte des détails.

Ce mouvement est donc une **démonstration**. Nous sommes ici au cœur de la lettre, dans la partie décisive.

Troisième mouvement

Vous proposez un rendez-vous de manière dynamique.

Vous évitez « *dans l'attente de vous rencontrer* ». Préférez « *je vous propose* » ou « *j'espère vous rencontrer très bientôt afin de pouvoir vous exposer plus en détails mon parcours et ma motivation* », « *je suis à votre disposition* » plutôt que « *je reste à votre disposition* ».

Isolez la formule de politesse

La formule de politesse ne doit être soumise à aucune condition.

Vous évitez : « *en attendant* » (c'est lourd), « *dans l'attente* », « *dans l'espoir* » (c'est passif), etc.

Quelle formule utiliser ? La plus adaptée à la culture de l'entité dans laquelle vous postulez : « *Je vous prie d'agréer…* » ou « *Veuillez agréer….* » ou « *Je vous prie de croire, Monsieur, en l'expression de mes….* ».
« *Meilleures salutations* » ou « *Cordiales salutations* » ou « *Salutations distinguées* » ou « *Respectueuses salutations* ».

Une femme n'envoie pas de « sentiments ».

Dans un courriel, un simple « *Meilleures salutations* » ou « *Cordialement* » peut suffire.

Deuxième caractéristique : limpide et dynamique

➤ Vous adoptez un style simple, dynamique et factuel.

➤ Vous évitez tout ce qui est :
– pompeux : « *je sollicite de votre haute bienveillance* », « *je me permets* », « *peut-être n'est-il pas vain de dire combien est grande ma motivation, combien sont réelles mes capacités d'adaptation et mon dynamisme jamais infléchi* » ;
– plaintif : « *mon service devant fermer, je suis à la recherche de…* » ;
– flagorneur : « *connaissant la grande réputation de votre service* » ;
– vantard : « *je suis très efficace* », « *vous cherchez un agent capable de…, je suis celui qu'il vous faut* », etc. ;

– flagorneur, vantard et directif : *« Vous connaissez toute l'importance, pour un service comme le vôtre, de s'entourer de collaborateurs de qualité, aussi, je vous engage à considérer avec attention ma candidature »;*
– imprécis : évitez les *« divers », « nombreux », « variés »* et *« etc. »*;
– sibyllin : évitez enfin les sigles, le jargon technique.

➤ Vous utilisez :
– des phrases courtes;
– la forme affirmative;
– la forme active (le sujet du verbe est une personne, donc souvent ce sujet est *« je »).*

➤ Vous évitez la forme impersonnelle : *« il », « on ».*

■ *Exemples*

Expression	Analyse	Équivalent plus dynamique
L'opportunité m'a été donnée	Phrase passive	J'ai eu l'opportunité J'ai saisi l'opportunité
Cette expérience m'a permis d'acquérir telle compétence	Phrase passive	Dans ce poste, j'ai acquis telle compétence
On m'a confié...	Sujet impersonnel	Le chef de service m'a confié
Cette tâche n'a pas été facile	La phrase est négative et le mot « tâche » est peu valorisant	Cette mission était difficile (ou délicate) car...
On a fait....	Sujet impersonnel et verbe faible (« passe partout »)	L'équipe a construit.... Mon équipe a réalisé... Avec mon équipe j'ai organisé... Nous avons géré...

Troisième caractéristique : argumentée

Nous avons vu plus haut que cette caractéristique s'applique prioritairement au deuxième mouvement de la lettre.

➤ **Vous évitez les affirmations gratuites**

■ *Exemple*

« C'était très intéressant » : le lecteur voudrait savoir en quoi c'était intéressant! Il ne peut pas le deviner; ajoutez donc *« parce que... ».*

Argumenter signifie que vous devez construire un raisonnement, relier les idées les unes aux autres. Par conséquent, vous utilisez les **mots de liaison** à bon escient. Ils constituent les rouages de votre démonstration.

Nous vous rappelons ci-dessous les **mots de liaison les plus couramment utilisés** :

Pour exprimer…	
Un raisonnement	Or, et, par ailleurs...
L'addition	De plus, en outre, de surcroît, aussi, d'ailleurs, par ailleurs, et même, voire... D'une part... d'autre part (attention : il faut « les deux parts »)
L'opposition	Pourtant, en revanche, d'une part... d'autre part, hormis, néanmoins
La restriction	Toutefois, tandis que, alors que, quoique, bien que, même si, mais, cependant, certes, sans doute, à l'exception de...
La cause	Car, en effet, parce que, puisque, comme, dès lors que, compte tenu...
La conséquence	Donc, en conséquence, par conséquent, en conclusion, en définitive, de ce fait, c'est pourquoi, pour toutes ces raisons, pour cette raison, enfin...
L'explication	Aussi, ainsi, en effet, en fait, car, c'est-à-dire, c'est pourquoi...
L'exemple	Ainsi, par exemple, notamment…
La chronologie	D'abord, ensuite, enfin, alors, puis, en premier lieu, en second lieu...
La comparaison	De même que, ainsi, comme, aussi...
La précision	En ce qui concerne, en d'autres termes, en ce sens.

▸▸ Exercice d'application

Pour chacune des phrases de la colonne de gauche, détectez la ou les maladresses et écrivez une phrase de remplacement :

1 « Dans cette opération, l'usager n'a pas été oublié, on s'en est occupé »	
2 « On m'a fait confiance et il m'a été possible de… »	
3 « Tout cela m'a permis d'acquérir….»	
4 « Ce poste me correspond en tous points »	
5 « Au cours de mes diverses expériences »	

▸▸ Corrigé

1 « Dans cette opération, l'usager n'a pas été oublié, on s'en est occupé »	« Dans cette opération, nous avons d'abord recueilli les besoins des usagers »
2 « On m'a fait confiance et il m'a été possible de… »	« Le chef de service m'a fait confiance et j'ai ainsi réalisé… »
3 « Tout cela m'a permis d'acquérir… »	« J'ai ainsi acquis telle compétence »
4 « Ce poste me correspond en tous points »	Cette affirmation est gratuite. Il faut ici reprendre les fameux « points » et argumenter avec des faits.
5 « Au cours de mes diverses expériences »	Cette affirmation est globale. Il faut citer les expériences ou en choisir une plus déterminante. Nous reprenons ci-dessous un extrait d'une lettre que vous pourrez lire un peu plus loin (illustration 3, page 94) : *« J'ai occupé des postes de gestion administrative et juridique dans des environnements différents : administration territoriale puis centrale et enfin déconcentrée. A chaque fois, j'ai acquis rapidement la connaissance de la réglementation et des procédures en passant du domaine de l'emploi à celui de l'action sociale, de l'enfance et de la santé. »*

Quel processus pour rédiger la lettre ?

Pour être efficient (atteindre un bon niveau de qualité en un minimum de temps), nous vous conseillons d'utiliser une démarche en dix étapes, inspirée de la créativité.

1. Installez sous vos yeux, côte à côte, l'offre et votre CV. Procédez à l'analyse telle que nous vous l'avons proposée dans le chapitre précédent.

2. Écrivez, dans le désordre, tout ce qui vous vient à l'esprit : absolument tout, même les mots inadaptés, les phrases inachevées, les hors sujets… Le but est d'utiliser pleinement les ressources de l'association d'idées.

3. Triez, sélectionnez les idées et les mots qui conviennent, cherchez des synonymes pour ce qui est mal exprimé.

4. Classez tout cela dans le plan proposé plus haut et complétez si nécessaire.

5. Rédigez… seulement maintenant.

Pour éviter le style trop souvent ampoulé, nous vous conseillons la démarche suivante : imaginez que vous exposez oralement à un ami ce que vous voulez écrire. Écrivez telle quelle cette explication orale. Vos phrases sont certainement courtes et vos mots simples, mais le vocabulaire est non soutenu. Relisez et faites monter le niveau du vocabulaire.

Dans le cadre des formations, c'est la démarche que nous utilisons avec les candidats mal à l'aise avec l'écrit. « En résumé et en direct, à partir des mots que vous avez sous les yeux, que voulez-vous dire à votre lecteur ? »

6. Laissez reposer… une nuit, par exemple.

7. Relisez l'offre puis relisez votre lettre en vous mettant « dans la peau d'un recruteur ».

8. Ajustez si nécessaire.

9. Relisez pour le style (nous l'avons évoqué plus haut dans ce même chapitre), la syntaxe et l'orthographe.

10. Si vous en avez la possibilité… faites relire par une tierce personne bienveillante et exigeante.

Des exemples commentés de lettre

Illustration 1

Cadre A

Candidature pour un poste d'adjoint de chef de projet.

Robert ESCUDO
18, allée des Platanes
00000 XXXXXX
Tél : 00 00 00 00 00
Courriel : robert.escudo@xxxx.fr

Direction XX
Service ZZ
27, avenue de la République
0000000 NNNNNNN

X, le 12 janvier 2012

Objet : votre annonce …

Madame, Monsieur,

Vous proposez un poste de… au sein de… Votre offre a attiré mon attention car, après X années dans tel type de service, je souhaite réaliser une mobilité tout en restant dans un contexte de services.

Je suis responsable d'un portefeuille de directions « clientes » : je mets en place pour elles des formations spécifiques, adaptées aux besoins de compétences nouvelles de leurs agents.

J'apprécie le dialogue avec nos clients et avec les formateurs et les prestataires de formation que je sélectionne. En interne, je coordonne la collaboration avec tous les partenaires de ce type de projet : les collègues chargés du planning des salles et du matériel, le service de reprographie, l'accueil et le service financier.

Chaque session de formation est un acte unique qui doit être réussi ; je veille sur la qualité à tous les stades, du début jusqu'à l'évaluation et au règlement des prestations avec un tableau de bord élaboré au fil des années.

Votre service travaille en mode projet. Je pourrai y mettre à profit et développer mes capacités de négociation et d'organisation sur des opérations d'une plus grande envergure que celles que je mène actuellement.

Au début de ma carrière, j'ai travaillé à la sous-direction chargée de la logistique avec quelques dossiers concernant l'immobilier ; retrouver ce domaine est une perspective motivante.

Je suis à votre disposition pour vous rencontrer afin d'en savoir plus sur mes futures fonctions et vous présenter plus concrètement mes compétences et ma motivation.

Veuillez agréer, Madame, Monsieur, l'expression de mes meilleures salutations.

Signature

PJ : un curriculum vitae.

Commentaire

A propos de la forme

La lettre tient sur une page et l'ensemble est aéré.

Le candidat a bien reporté les références de l'annonce.

Il ne connaît pas le nom du destinataire et il utilise donc la formule « madame, monsieur ». Il a pensé à la réutiliser pour la formule de politesse, c'est cohérent.

Le mot *« signature »* remplace ici la signature.

A propos du fond

Le candidat évoque rapidement sa mission principale actuelle et un poste, plus ancien, pour donner envie de lire son CV.

Il met en valeur les qualités attendues chez un adjoint de chef de projet : la négociation, l'organisation et le suivi. Il démontre une certaine créativité en évoquant la mise au point du tableau de bord.

Sa motivation apparaît plusieurs fois : il « apprécie » le dialogue, il voudrait collaborer dans des projets de plus grande envergure, il a apprécié son passage dans le domaine immobilier.

L'expression « mes futures fonctions » suggère qu'il est dynamique.

Illustration 2

Cadre A
Candidature pour un poste d'adjoint de chef de projet.
Reprise de la lettre sous la forme d'un courriel.

De : Robert Escudo
Envoyé : mardi 12 janvier 2012
A : srhddf@xxxx.gouv.fr
Objet : candidature / annonce...
Pièces jointes : un curriculum vitae

Madame, Monsieur,

Vous proposez un poste de... au sein de... Votre offre a attiré mon attention car, après X années dans tel type de service, je souhaite réaliser une mobilité tout en restant dans un contexte de services.

Je suis responsable d'un portefeuille de directions « clientes » : je mets en place pour elles des formations spécifiques, adaptées aux besoins de compétences nouvelles de leurs agents.

J'apprécie le dialogue avec nos clients et avec les formateurs et les prestataires de formation que je sélectionne. En interne, je coordonne la collaboration avec tous les partenaires de ce type de projet : les collègues chargés du planning des salles et du matériel, le service de reprographie, l'accueil et le service financier.

Chaque session de formation est un acte unique qui doit être réussi ; je veille sur la qualité à tous les stades, du début jusqu'à l'évaluation et le règlement des prestations avec un tableau de bord élaboré au fil des années.

Votre service travaille en mode projet. Je pourrai y mettre à profit et développer mes capacités de négociation et d'organisation sur des opérations d'une plus grande envergure que celles que je mène actuellement.

Au début de ma carrière, j'ai travaillé à la sous-direction chargée de la logistique avec quelques dossiers concernant l'immobilier ; retrouver ce domaine est une perspective motivante.

Je suis à votre disposition pour vous rencontrer afin d'en savoir plus sur mes futures fonctions et vous présenter plus concrètement mes compétences et ma motivation.

Meilleures salutations.

Robert Escudo

06 00 00 00 00

Commentaire

A propos de la forme

Le candidat a choisi de garder la forme d'une lettre pour conserver une tonalité respectueuse.

Il a ajouté le numéro de son portable sous sa signature.

Il est inutile d'utiliser pour l'envoi du message le signalement « haute importance » : restez sobre.

A propos du fond

Le texte est le même. Seule, la formule de politesse a été modifiée : elle est plus courte.

Remarque

Pour une candidature spontanée, l'objet serait le suivant :

Objet : candidature spontanée pour un poste de...

Illustration 3

Cadre B +

Nora LABYAD
109, rue des Acacias
00000 XXXXXX
Tél : 00 00 00 00 00
Courriel : nora.labyad@xxxx.fr

Direction XX
Service ZZ
27, avenue de la République
00000YYYY

X, le 12 janvier 2012

Objet : Annonce…

A l'attention de Madame Jeanne Jesson

Madame,

Vous recherchez un cadre B + capable d'initiatives pour animer une équipe ayant une activité juridique et de gestion.

J'ai occupé des postes de gestion administrative et juridique dans des environnements différents : administration territoriale puis centrale et enfin déconcentrée. A chaque fois, j'ai acquis rapidement la connaissance de la réglementation et des procédures en passant du domaine de l'emploi à celui de l'action sociale, de l'enfance et de la santé.

Depuis quatre ans, j'anime une section de cinq agents à la Direction X. Nous répondons aux demandes d'information dans un délai de 48 heures. Nous proposons aussi des courriers pour les dossiers signalés d'entreprises ne respectant pas les obligations légales.

J'ai proposé la mise en place de lettres types, d'une fiche de procédure d'instruction des dossiers ainsi que d'un tableau de suivi d'activité. J'ai aussi participé à la révision des plaquettes d'information destinées aux usagers et j'y ai associé mon équipe. Enfin, j'ai fait partie d'un groupe de travail sur la réforme de la carte professionnelle des xx.

Dans le poste que vous proposez, je pourrais exercer mes compétences avec une équipe un peu plus importante et cela correspond à mon projet professionnel.

Je suis à votre disposition pour vous rencontrer et ainsi mieux vous présenter mes compétences et ma motivation.

Veuillez agréer, Madame, l'expression de mes meilleures salutations.

Signature

PJ : un curriculum vitae.

Commentaire

Voici les compétences citées dans l'offre, telles qu'elles étaient présentées.

Compétences principales « mises en œuvre » :

Connaissances	Savoir-faire	Savoir être
Connaître l'environnement professionnel	S'organiser Travailler en équipe et animer une petite équipe Analyser, synthétiser, rédiger	

La candidate a repris dans sa lettre les compétences demandées et correspondant aux siennes.

Le tableau ci-dessous reprend en vis-à-vis les compétences attendues et les réponses de la candidate.

Compétences attendues	Réponses de la candidate
Connaître l'environnement professionnel	Elle cite des environnements différents et assure avoir rapidement acquis les connaissances nécessaires.
S'organiser	Les 48 heures pour répondre aux demandes d'information. La mise en place de lettres-type, de la fiche de procédure et du tableau de suivi.
Travailler en équipe et animer une petite équipe	Elle indique la dimension de son équipe.
Analyser, synthétiser	Pour illustrer ces capacités, elle a porté une attention particulière à la rédaction de sa lettre. Vous en trouverez ci-dessous la première version et vous pourrez ainsi comparer les deux.
Rédiger	Idem : voir la rédaction de la lettre.
S'adapter	Elle cite plusieurs environnements différents.
Avoir le sens de la mesure	Rien
Dynamique : être une force de proposition	La mise en place de lettres-type, de la fiche de procédure et du tableau de suivi ; la participation au groupe de travail.

Vous trouverez page suivante la **première mouture** de la lettre : les éléments retouchés sont en *italique* ou signalés par un *.

Madame,

Vous recherchez un cadre B + pour animer une équipe ayant une activité juridique et de gestion *et capable d'initiatives*.

Durant mon parcours professionnel, j'ai eu l'opportunité d'occuper des postes de gestion administrative et juridique dans *divers* environnements. A chaque fois *je me suis efforcée* d'acquérir rapidement *une bonne* connaissance de la réglementation et des procédures, *même dans des conditions difficiles* : *emploi, action sociale, enfance et santé*.

Depuis quatre ans, j'anime une section de cinq agents à la Direction X. *Nous sommes chargés* de répondre aux demandes d'information* *et nous faisons des propositions* de courriers *en ce qui concerne* les dossiers signalés d'entreprises ne respectant pas les obligations légales. *J'ai proposé* *la mise en place de lettres types, d'une fiche de procédure d'instruction des dossiers ainsi que d'un tableau de suivi d'activité. J'ai aussi *un peu* participé à la révision des plaquettes *d'information usagers* et *j'ai demandé à mon équipe de m'aider*. Enfin, j'ai fait partie d'un groupe de travail sur la réforme de la carte professionnelle des xx.

Le poste que vous proposez me permettra d'exercer mes compétences avec une équipe un peu plus importante et *c'est une perspective motivante*.

Je suis à votre disposition pour vous rencontrer et *pouvoir* vous présenter mieux mes compétences et ma motivation.

Veuillez agréer, Madame, l'expression de mes meilleures salutations.

Retenir l'essentiel

Une lettre de candidature ou de motivation est **unique**, c'est-à-dire adaptée à l'offre à laquelle vous répondez.

Pour écrire une lettre performante, il faut d'abord bien lire et relire l'offre d'emploi et établir des correspondances entre les compétences attendues et les vôtres. Cela constituait l'objet de notre chapitre 3. Il faut aussi investir du temps et beaucoup d'attention, afin d'améliorer les moutures successives.

Votre lettre doit dégager une impression de sérieux (grâce à vos arguments) et de légèreté (grâce au style).

La lettre de motivation donne envie de lire votre CV mais ne le remplace pas. Si elle est remplacée par un courriel d'accompagnement du CV, l'esprit est identique.

Si le CV est votre « carte de visite », la lettre de motivation, quant à elle, est le **reflet de vos compétences rédactionnelles** et de votre capacité à **argumenter**.

Chapitre 6

Préparer l'entretien et en être l'acteur

Dans ce chapitre, vous trouverez des conseils pour l'étape tant attendue (et parfois redoutée) de l'entretien avec le ou les recruteur(s). Vous pouvez, en effet, rencontrer en même temps ou séparément une personne des ressources humaines, le chef de service et/ou votre futur supérieur hiérarchique.

Pour simplifier le propos, nous utilisons le terme de « recruteur » pour nommer la personne qui vous reçoit, quelle que soit sa fonction.

Nous étudierons d'abord la posture du recruteur puis la vôtre. Puis nous vous donnerons des informations pour que vous puissiez préparer l'entretien en connaissance de cause et, en particulier, une courte présentation de vous-même. Enfin, nous aborderons le dialogue : comment répondre aux questions mais aussi en poser et traiter les cas ou les mises en situation.

Nous voudrions attirer votre attention sur la **tonalité particulière** de cet entretien. En tant que fonctionnaire, vous avez probablement déjà passé au moins un concours avec une épreuve orale parfois dénommée « conversation avec le jury ». Dans ce contexte, le jury a entièrement mené l'entretien, qui est d'une durée stricte et connue d'avance. Après un exposé sur votre carrière, le jury vous a posé des questions et vous y avez répondu dans un système « descendant » : vous ne pouviez pas poser de questions.

A l'issue de cet entretien, le jury a décidé ou non de vous accepter, de vous donner le grade ambitionné.

Dans l'entretien de recrutement, vous avez en face de vous une ou deux personnes (voire trois) ; vous êtes encore appelé « candidat », on vous demandera peut-être aussi de vous présenter dès le début et le recruteur mènera l'entretien. Cependant, l'esprit est totalement différent puisque vous pouvez et même devez poser des questions. Cette fois, l'évaluation est réciproque : le recruteur veut vérifier l'adéquation de votre profil au poste et, de votre côté, vous évaluez si le poste est conforme à l'offre, s'il vous motive et concorde avec votre projet professionnel. Le système est aussi **« remontant »**. Après l'entretien, le recruteur fera connaître sa décision (retenir ou non votre candidature) et, de votre côté, vous prendrez la décision d'accepter ou non le poste. Vous êtes acteur.

Le point de vue du recruteur

Pour être capable de répondre aux besoins du recruteur, commençons par adopter son point de vue.

L'enjeu est important pour lui : se tromper, c'est-à-dire recruter un candidat qui, finalement, ne convient pas, engendrerait un coût (le temps passé), une perte d'efficacité (l'allongement de la période de vacance du poste) et une perte d'image à la fois pour lui-même et pour le service.

C'est un acte de management difficile, qui comporte une grande part d'incertitude ; alors, de votre côté, montrez-vous rassurant, démontrez clairement en quoi votre profil correspond bien à celui qu'il recherche. Votre CV l'annonçait, votre comportement le confirme…

Où en est le recruteur au début de l'entretien ?

Au moment où l'entretien débute, le recruteur a, en principe :
- lu votre lettre de candidature ;
- lu et même étudié votre CV.

En mettant en vis-à-vis les informations que vous avez apportées et le profil recherché, il a repéré :
- les points de convergence ;

– les points à vérifier : manques, incohérences apparentes, incompréhensions ;
– les thèmes propices aux échanges.

Il a probablement préparé :
– une stratégie : le plan de l'entretien avec l'une ou l'autre des « amorces » présentées plus bas (voir page 103) ;
– des questions ;
– et peut-être, des mises en situation ou « cas » que nous vous présentons un peu plus loin (page 113).

Parfois, il se demande même comment il va vous présenter le poste car il a des difficultés à recruter !

Les axes d'étude du recruteur

Outre la vérification des compétences (peut-être à l'aide d'une grille), il va chercher à cerner votre personnalité :
– allez-vous pouvoir facilement vous intégrer dans l'équipe ?
– Allez-vous pouvoir vous adapter au style de management en vigueur ?

Il va donc prendre en compte votre comportement pendant l'échange et compléter son évaluation avec un ou plusieurs problèmes à résoudre (les cas ou mises en situation).

Un collaborateur motivé travaille mieux : il va aussi sonder votre motivation au vu des réelles exigences du poste. Certains candidats ont une représentation du poste décalée par rapport à la réalité ; vous êtes-vous réellement projeté dans le poste tel qu'il est présenté ou vous êtes-vous focalisé sur l'une ou l'autre des missions plus intéressantes ou valorisantes ?

Dans certains cas, il voudra peut-être aussi évaluer votre « potentiel », c'est-à-dire votre capacité à évoluer. C'est le cas si le poste est par lui-même évolutif ou bien si les missions du service vont évoluer. Cette évaluation peut se faire par le biais des « cas » ou « mises en situation » déjà cités.

Votre posture de candidat

Adoptez la posture du « prestataire de services »

Appuyez-vous sur la vraie raison d'être de l'entretien : deux parties face à face dans une stratégie d'évaluation ; le recruteur évalue votre adéquation au poste et vous, vous évaluez si le poste correspond à la fiche publiée, s'il vous convient et vous motive.

Vous êtes, en quelque sorte, un « prestataire de services » ; les « services » sont vos compétences. Vous venez échanger des informations afin de déterminer si vous allez ou non « passer le contrat ».

Nos pensées génèrent nos comportements. Cette représentation en éliminera une autre : celle du recruteur « bourreau » et, par conséquent, en « miroir », l'adoption d'un comportement de « victime » très préjudiciable pour votre image. Qui a envie de travailler avec quelqu'un de passif ?

Bien entendu, vous avez pris toutes les dispositions nécessaires pour être ponctuel et vous avez neutralisé la sonnerie et le vibreur de votre téléphone portable !

Adoptez une posture physique dynamique et ouverte

Votre posture doit avoir deux caractéristiques : dynamique et ouverte.

Une posture dynamique

Il est simple d'adopter une posture physique dynamique, à condition de respecter trois principes :
– premier principe : debout ou assis, votre colonne vertébrale est tirée vers le plafond par un invisible fil de nylon – mais sans rigidité ;
– deuxième principe : assis, utilisez le dossier de la chaise, ne serait-ce que pour appuyer le bas de votre dos. Vous serez ainsi stable et vous éliminerez la tentation d'appuyer les bras (éventuellement fermés) sur la table en remontant les épaules ;
– troisième principe : vous accompagnez votre parole de gestes. Parler avec votre corps signifie que vous êtes convaincu et… renforce votre pouvoir de conviction.

Une posture ouverte

Deuxième caractéristique de votre posture physique : elle doit être ouverte. Vous évitez tout simplement de croiser les bras ou de croiser les doigts. Pourquoi ? Parce que le langage non verbal a un fort impact.

Si vous parlez avec une attitude fermée, votre message (involontaire mais inconsciemment pris en compte par votre interlocuteur) est : « *Je dis ce que j'ai à dire mais je ne suis pas intéressé par vos réactions.* » En d'autres termes, vous acceptez de donner de l'information mais vous n'avez pas très envie de communiquer. Communiquer, c'est accepter le principe de l'aller (ce que vous dites) et du retour (les réactions verbales et non verbales de votre interlocuteur) pour ajuster le message en permanence.

Vous avez tout intérêt à bien communiquer avec votre recruteur puisqu'il cherche vraisemblablement à évaluer vos compétences relationnelles.

Regardez votre interlocuteur

Regardez votre interlocuteur et, si vous en avez plusieurs, regardez-les tous. C'est une composante importante de la communication !

Foire aux questions

➤ *Que faire si l'un des interlocuteurs ne me regarde jamais ?*

Continuez à le regarder ; il sentira votre regard sur lui.

➤ *Est-ce que je peux éviter de regarder l'interlocuteur que je crains ?*

Non, car il notera que vous avez l'air fuyant et il pourrait même avoir envie de vous poser encore plus de questions pour que vous le regardiez !

Adoptez une tenue vestimentaire adaptée

Pour adopter une tenue vestimentaire adaptée, il faut tenir compte de deux critères.

➤ Le premier critère, c'est le respect du « code » : quelle est la tenue attendue chez la personne qui occupe ce type de poste ? Renseignez-vous, c'est le moment de faire fonctionner votre réseau.

Une tenue sobre et classique, sans être terne, minimise les risques. Dans tous les cas, elle est nette.

➤ Le second critère est votre confort : les vestes et chaussures neuves donnent un air emprunté et non naturel.

Nous avons évoqué la sobriété de la tenue ; mais évitez aussi d'imposer votre parfum et le bruit des accessoires bruyants à l'occasion de vos gestes. Attention aux bracelets !

Nous avons parlé des « vrais » gestes. Vous évitez les gestes répétitifs : remise en place d'une mèche rebelle, caresses incessantes du menton, de la nuque, de la main... Autant de signes qui révèlent un manque de confiance en soi.

Adoptez une expression audible et claire

Au cours d'un entretien, pour être audible, il vous suffit d'articuler correctement et d'adopter un débit mesuré.

Votre expression sera claire si vous évitez le jargon et les sigles. Utilisez des phrases à la **forme affirmative**. Elles sont mieux comprises.

■ *Exemple*

Si vous dites « *ce n'est pas difficile* », il y a un risque pour que votre interlocuteur comprenne « *difficile* » ; il vaut donc mieux dire « *c'est facile* ».

Les premières minutes de l'entretien

Vous connaissez probablement la phrase : « *On a rarement une deuxième occasion de faire une première bonne impression.* »

La communication est une interaction et nous sommes co-constructeurs d'une relation. **Souriez** dès que vous entrez, regardez votre interlocuteur ; vous lui donnerez envie de sourire... et il lui sera plus difficile d'être désagréable. Serrez-lui la main (s'il vous la tend) avec franchise. Vous ne le direz pas, mais vous pensez fortement : « *Je suis ravi de vous rencontrer ; voici un moment que je me prépare à cette rencontre et je suis impatient de vous convaincre.* » Répétons-le : vos pensées génèrent votre comportement.

Rappelez-vous le point de vue du recruteur : il veut intégrer quelqu'un qui soit opérationnel le plus rapidement possible. Il a besoin d'être rassuré sur votre flexibilité. Donnez une impression de facilité, de tranquille assurance. A la question bienveillante « *Avez-vous trouvé facilement ?* », évitez de répondre : « *Oh là là, heureusement que j'avais pris de l'avance, que j'étais venu hier repérer les lieux, c'était un peu long...* » Préférez une réponse courte et rassurante : « *Oui, merci.* »

Le plan de l'entretien

Nous abordons maintenant le plan de l'entretien, afin que vous ayez bien toutes les clefs en main pour le préparer.

Bien sûr, c'est le recruteur qui mène l'entretien. Or il existe *a priori* deux « amorces » différentes. Nous vous les présentons avec quelques conseils pour que vous puissiez vous y adapter.

L'amorce « confortable »

Après les salutations et les présentations d'usage, le recruteur présente le service, le poste ainsi que les missions qui vous seront attribuées.

Attention !

Un recruteur pressé pourrait considérer que la fiche descriptive du poste suffit et omettre cette phase. Dans ce cas, vous poserez des questions dès que possible pour obtenir les informations nécessaires à une prise de décision éclairée. Exceptionnellement, cette omission pourrait constituer un test pour évaluer votre curiosité, votre motivation et votre capacité à vous projeter dans la fonction.

Ce plan est confortable pour vous, car :
– vous avez le temps de gérer l'émotion générée par la prise de contact ;
– vous collectez des informations qui vous permettront, quelques minutes plus tard, de mettre en valeur les compétences attendues pour tenir le poste et prouver ainsi votre adéquation avec celui-ci ;
– vous pouvez vérifiez la correspondance avec la fiche descriptive ;
– vous préparez des questions qui démontreront votre écoute et votre motivation.

Attention !

Votre écoute doit être parfaite ; certes, ce serait un moment propice pour vous détendre... mais la pertinence de vos questions prouvera la qualité de votre écoute (peut-être une des premières qualités attendues) ainsi que le niveau de votre motivation !

Ensuite, votre interlocuteur vous demandera probablement si vous avez des questions. Bien entendu, vous en aurez. Elles prouveront que vous avez parfaitement écouté et que vous êtes capable de vous projeter dans le poste. Si vous avez suivi nos recommandations du chapitre 4 (Analyse de l'offre), vous les avez déjà préparées.

Foire aux questions

➤ *Est-il possible de prendre des notes ?*

En principe, oui, pourquoi pas... ? Mais il est préférable de démontrer une bonne capacité d'attention, d'écoute et de mémorisation. La prise de notes amoindrit la qualité du contact visuel, composante forte dans la relation, or celle-ci entrera en ligne de compte dans la décision de donner suite à votre candidature ; à compétences égales, elle peut être déterminante.

Si la description faite par le recruteur est longue et détaillée, vous pouvez dire : « *La description du poste est détaillée et très intéressante, puis-je me permettre de prendre quelques notes ?* »

Pour la raison évoquée plus haut, votre prise de notes sera succincte. Vous continuerez à regarder votre interlocuteur.

L'amorce « grand saut »

Dans ce cas, après les salutations d'usage, votre recruteur se présente rapidement et vous sollicite immédiatement. Il peut le faire de deux manières différentes.

➤ **Premier type de sollicitation :** il vous dit « *présentez-vous* » ou « *parlez-moi de vous* ».Cette amorce ne vous laisse pas de répit. Nous vous conseillons de bien préparer votre présentation et vous donnons quelques conseils à ce propos un peu plus loin (voir page 119). Après votre présentation, votre interlocuteur vous pose quelques questions puis il vous présente le poste et son environnement.

➤ **Second type de sollicitation :** il vous dit « *qu'avez-vous compris de la fiche de poste ?* » Pour faire face à cette éventualité, vous aurez préparé votre réponse. Nous vous donnons des conseils à ce sujet un peu plus bas.

Le corps de l'entretien

Après l'amorce, le dialogue. Vous écoutez les questions, vous y répondez et vous en posez vous-même. Il y aura aussi peut-être des « cas ».

Rappelez-vous la finalité de l'entretien : que les deux parties puissent faire connaissance. Il n'y a aucun engagement de part et d'autre. Chacun s'informe pour pouvoir prendre ensuite sa décision.

Les paragraphes qui suivent (pages 107-108) traitent des questions du recruteur.

Quelles questions allez-vous poser ? Celles que vous aviez préparées à la lecture de l'offre mais aussi d'autres, générées par le dialogue : vous allez « rebondir » sur certaines informations. Vous allez être **actif !**

Attention !

Au fil des échanges, le climat peut devenir particulièrement chaleureux, voire détendu. Évitez de vous laisser aller à vous plaindre : *« Dans mon poste, on ne me permet pas de… J'aurais voulu… »* **Vous n'avez en face de vous ni un psy, ni une assistante sociale ! Dans le même ordre idée : n'émettez aucune critique ni aucun sous-entendu à propos de votre environnement actuel. Cantonnez-vous aux faits et à vos souhaits.**

La fin de l'entretien

C'est bien entendu le recruteur qui met fin à l'entretien (voir page 116).

Foire aux questions

➤ *A quel moment dois-je évoquer mes contraintes (temps partiel, dates de vacances…) ?*

Certainement pas au début de l'entretien ; cela donnerait l'impression que vous voulez imposer vos conditions ! Ce sera donc dans la seconde partie de l'entretien ; vous saisirez l'opportunité quand elle se présentera, probablement quand les questions d'organisation seront abordées. Faute d'opportunité, vous évoquerez le sujet après avoir créé une bonne relation : *« Pouvons-nous aborder le sujet de l'organisation ? En effet… »* Par honnêteté et pour la qualité de vos relations futures, vous évitez de faire l'impasse sur le sujet ; vous devez donner à votre interlocuteur tous les éléments pour sa prise de décision. Il en est de même pour vous : vous devez savoir ce qui est négociable et ce qui ne l'est pas.

➤ *Quelle est la durée de l'entretien ?*

Impossible de vous répondre : il n'y a pas de normes. Une demi-heure est un minimum. Tout dépend de la stratégie et de la personnalité du recruteur. Veut-il vous donner un maximum d'informations ? A-t-il besoin d'un long échange pour vous évaluer et se rassurer ? Est-il naturellement bavard ? A-t-il prévu un second entretien avec lui ou une autre personne après cette première sélection ?

➤ *Que faire si, après quelques minutes, j'ai l'impression que je ne conviendrai pas ?*

Ce n'est qu'une première impression, fortement influencée par votre trac, alors… persévérez !

Votre interlocuteur est agressif ? Peut-être est-il contrarié par autre chose et se détendra-t-il ensuite ?

Recentrez-vous sur votre objectif – « convaincre » – et écoutez encore mieux.

Aller au terme de cet entretien sera, de toute façon, un excellent entraînement. Il vous renseignera aussi sur le « marché des offres ».

Les questions du recruteur

Chaque question a pour objectif de mieux vous connaître (et non de vous piéger).

Votre CV et votre lettre de motivation suscitent des questions particulières, mais il y a également des questions valables pour tous les candidats. Il est impossible de vous en donner une liste exhaustive ; néanmoins, certaines sont fréquentes. Vous en trouverez quelques-unes dans les pages qui suivent ; certaines font l'objet d'un bref commentaire (en vert).

Les questions souvent posées

Domaine traité	Questions
La motivation	**La nature de la motivation au travail** *Dans votre poste actuel, qu'est-ce qui vous motive ?* *Quelles sont les valeurs que vous respectez et aimez voir respectées ?* *Décrivez-nous quelques réussites professionnelles, puis…* *Quels ont été les facteurs de réussite ?* *Que recherchez-vous dans le travail ?* *Votre carrière correspond-elle à vos souhaits ou à vos aspirations ?* Attention : si ce n'est pas le cas, évitez de vous plaindre de l'administration, de vos supérieurs hiérarchiques qui n'ont pas reconnu votre valeur, etc. Évoquez votre projet professionnel le plus rapidement possible. *Pourquoi avoir choisi telle orientation ?* *Quelle a été la réalisation qui vous a apporté le plus de satisfactions ? Pourquoi ?* *Quelle a été votre plus belle réussite ?* *Quel est l'événement le plus important de votre vie professionnelle ?* *Qu'est-ce qui pourrait vous amener à quitter ce poste rapidement ?* **Degré et nature de la motivation pour le poste envisagé** *Pourquoi avez-vous posé votre candidature ?* *Compte tenu de votre niveau, je crains que vous ne soyez déçu car vous ne traiterez que des questions qui vous paraîtront d'un niveau très modeste : avez-vous envisagé cet aspect ?* *Que savez-vous de nos missions ?* *Quels sont les aspects du poste qui vous intéressent le plus ?* *Qu'est-ce qui va vous permettre de réussir dans ce poste ?* *Qu'est-ce qui vous empêcherait de réussir dans ce poste ?* Les quatre dernières questions permettent de vérifier que la représentation que vous avez du poste est juste.
La cohérence du parcours	*Pourquoi tel poste à tel moment ?* *Pourquoi tel poste après tel autre ?* *Pourquoi être resté tant (ou si peu) de temps dans tel poste ou dans tel domaine ?*
La sincérité du CV	*Quelles étaient vos responsabilités ? Quel était votre budget ?* *Quelles opérations délicates avez-vous menées ?* … et tout autre question précise. Mais aussi : la même question posée deux fois à deux moments différents et sous une forme différente.

Le niveau de responsabilité exercée	*A qui rendez-vous compte ? A quelle fréquence ?* *Quel est votre degré d'autonomie ?* *Quel est votre champ de responsabilité ?* *Quelle a été votre dernière décision importante ? En quoi était-elle importante ?* *Estimez-vous avoir eu les moyens de mener à bien vos missions ?* Ici, de nouveau, attention à la plainte ! *Quelle est votre plus belle réussite ?*
Les qualités relationnelles et comportementales	*Quelles relations entretenez-vous avec votre supérieur hiérarchique ? (avec vos collègues, vos collaborateurs, vos homologues...)* *Comment voyez-vous vos collègues ?* *Comment vos collègues vous voient-ils ?* *Comment se passent vos relations avec les autres services ?* *Dans un groupe, en général, quelle est votre attitude ?* *Comment vous insérez-vous dans une équipe ?* *Comment acceptez-vous la hiérarchie ?* *Aimez-vous les responsabilités ?* *Quelles ont été vos plus grandes responsabilités ?* *Que faites-vous lorsqu'un supérieur hiérarchique refuse de s'engager sur un projet que vous lui proposez ?* *Que faites-vous lorsqu'un interlocuteur refuse une solution ou une méthode que vous proposez ?* *Comment vous y prenez-vous pour refuser de collaborer à un projet proposé par un collaborateur ou un homologue ?* *Avec qui aimez-vous travailler ?* *Aimez-vous travailler en équipe ?* Difficile de répondre « non » à cette question ! L'important est de donner des preuves, des faits. *Comment vous comportez-vous quand vous réalisez que vous avez fait une erreur ?*
Action et organisation	*Quels types de problèmes rencontrez-vous dans votre poste actuel et comment les traitez-vous ?* *Comment vous y prenez-vous pour résoudre un problème ?* *Êtes-vous flexible ?* Ici aussi, difficile de répondre « non » à cette question ! L'important est de donner des preuves, des faits. *Quel est votre style de travail ?* *Comment gérez-vous votre temps ?* *Comment fixez-vous vos priorités ?* *Quelles sont, pour vous, les conditions de travail idéales ?* *Sur quels critères vos résultats sont-ils actuellement évalués ?*

Analyse, synthèse	*Décrivez-moi une journée dans votre fonction actuelle.* Attention ! Soyez synthétique. Évitez l'énumération fastidieuse de vos tâches. Le recruteur peut exprimer une affirmation et dire : *« Êtes-vous d'accord avec cette affirmation ? »* (Par exemple : *« L'administration peut à peu près tout externaliser... »)* *Pouvez-vous nous donner une description de votre poste ?* *Quelles expériences ont le plus contribué à la construction de votre compétence ?* *Parlez-nous d'une décision que vous avez prise et qui a été contestée…*
Management	*Avez-vous déjà été chef de projet ?* *Qu'attendez-vous d'un collaborateur ?* *Qu'est-ce qu'un collaborateur est en droit d'attendre d'un chef d'équipe (d'un manager) ?* *Comment vous y prendriez-vous* (ou *comment vous y prenez-vous*) *avec une personnalité difficile ?* *Quels sont les rôles d'un manager ?* *Quel est votre style de management ?* *Quelles sont les qualités attendues d'un manager ?* *Vous devez accueillir un nouveau collaborateur : que faites-vous ?* *Que pensez-vous de la rémunération au mérite ?* *Quelle est la tâche la plus difficile pour un manager ?*
Pédagogie	*Pouvez-vous nous expliquer comment fonctionne ou comment est organisé… ?*
La projection dans le nouvel environnement	*Avez-vous entendu parler de… ?*
La gestion de la déstabilisation	*Habitué à travailler seul, comment allez-vous vous adapter au travail en équipe ?* *Jusqu'à maintenant, vous aviez un travail d'expert, vous allez devenir généraliste, comment allez-vous faire ?* (ou le contraire : le généraliste devient expert.) *Vous avez un parcours… et vous serez minoritaire chez nous, comment cela va-t-il se passer ?* *Je crains que vous n'ayez des difficultés à vous adapter : comment allez-vous vous intégrer ?* *Vous n'avez pas l'expérience du management et vous allez devoir gérer une équipe, comment allez-vous vous y prendre ?*

Répondre aux questions

Commencer par écouter

Pour bien répondre, il faut préalablement… avoir bien écouté!

Soyez totalement présent dans la relation. Évitez, après une réponse, de vous tracasser pour savoir si vous avez « bien » répondu. Non seulement c'est inutile, mais encore vous allez perdre de votre concentration pour écouter la question suivante et mobiliser vos idées pour y répondre.

Être « mesuré »

Vous répondez avec mesure, c'est-à-dire que vous évitez les longs récits. Le recruteur n'a pas besoin d'un exposé sur le sujet évoqué. S'il souhaite des précisions, il vous les demandera. La priorité est au dialogue et c'est lui qui le mène, même si vous pouvez et devez poser certaines questions.

Aller plus loin que la première impression

Une question vous surprend? Activez vos neurones!

Si votre avis a été sollicité ou si le sujet est accessible avec une dose de réflexion et de bon sens, réfléchissez à haute voix. Vous démontrerez des qualités de persévérance et d'analyse.

➤ Voici une **première méthode** pour mobiliser votre mémoire et votre esprit d'analyse : la méthode des **critères**. Préalablement à votre entretien, vous constituez une liste de quatre ou cinq critères. Vous l'apprenez par cœur et, lorsqu'une question vous surprend, vous récitez mentalement et très rapidement cette liste. Les critères seront autant de sondes envoyées dans votre mémoire et l'une de celles-ci vous apportera une réponse.

Quels critères choisir? Il en existe une multitude : géographique, organisationnel, juridique, réglementaire, budgétaire, européen, mondial, pédagogique, humain, social, relationnel, médical, politique, économique, managérial…

Vous élisez ceux qui vous sont familiers; inutile de prendre le critère médical si ce n'est pas votre domaine!

■ *Exemple*

Votre liste est : critères économique, géographique, social, organisationnel, réglementaire.

La question surprenante est la suivante : *« Nous allons solliciter une certification qualité ISO 9001 pour notre service. Qu'est-ce que la qualité vous inspire ? »*

Grâce à la qualité de votre écoute, vous avez compris que l'on ne vous demande pas de définir la norme ISO 9001 (ouf !) mais de vous exprimer à propos de la qualité.

Mettre en œuvre la méthode des critères donnerait le résultat suivant : *« Il me semble que "faire bien du premier coup" exige souvent de revoir l'organisation. A terme, c'est une source d'économie puisqu'il faut traiter moins de réclamations. Enfin, s'il y a moins de réclamations, le climat est plus serein pour les agents. »*

Critères utilisés : organisationnel, économique et social.

➤ Voici une **seconde méthode : l'induction.**

Vous ramenez le sujet à votre expérience et vous généralisez ensuite.

■ *Exemple*

Reprenons la même question : *« Nous allons solliciter une certification qualité ISO 9001 pour notre service. Qu'est-ce que la qualité vous inspire ? »*

« L'un des prestataires de mon service actuel a obtenu ce type de certification. J'ai observé une diminution du nombre de nos réclamations et nos relations sont meilleures. Je pense donc que c'est une démarche qui sera certainement appréciée par les usagers et qu'elle sera favorable à l'image du service. »

Foire aux questions

➤ *Que faire si je ne comprends pas la question ?*

Peut-être ne pouvez-vous pas répondre car vous ne connaissez pas le concept ou la notion, ou le mot évoqué ? Dans ce cas, dites calmement *« qu'entendez-vous par... ? »*. La reformulation de ce qui vous gêne prouvera que vous voulez aller vers votre interlocuteur (compétence relationnelle) et la réponse fournie (une définition) vous permettra peut-être de répondre.

Si c'est la forme de la question qui entraîne votre incompréhension (elle est longue et/ou imprécise), vous reformulez les bribes que vous avez pu capter : *« Si je comprends bien, vous me demandez... »*

➤ *Puis-je dire « je ne sais pas » ?*

Oui, bien sûr, rien ne l'interdit mais réservez cette réponse à des questions portant sur des connaissances… que vous n'avez malheureusement pas. L'expertise de chacun a forcément des limites.

Si ce n'est pas un problème de connaissances, utilisez les deux méthodes proposées ci-dessus.

➤ *Est-ce que les deux méthodes proposées ci-dessus marchent « à tous les coups » ?*

Elles sont efficaces, la plupart du temps, pour les questions sollicitant votre avis. Néanmoins, pour pouvoir les utiliser efficacement pendant un entretien, il faut que vous vous y soyez entraîné au cours d'entretiens ou de réunions « ordinaires ».

➤ *Que faire si une question est très personnelle et indiscrète ?*

Compte tenu de la charte pour l'égalité des chances et la lutte contre la discrimination, vous ne devriez pas avoir de questions personnelles telles que le nombre d'enfants, la profession de votre conjoint ou de vos parents, votre religion, votre état de santé.

Néanmoins, envisageons quand même cette situation. Nous vous proposons de répondre : *« Cette question est hors du champ professionnel et je souhaiterais que nous revenions au poste que vous proposez. »*

Ou *« Je suis ennuyé pour vous répondre car je sortirais du domaine professionnel et je vous propose de revenir à la description de mes futures missions. »*

Ainsi, non seulement vous aurez « recadré » votre interlocuteur, mais encore vous aurez apporté la preuve que vous savez vous tirer courtoisement de situations délicates.

➤ *Que faire si une question est agressive ?*

Est-ce la question qui est agressive, ou sa forme, ou votre interprétation du ton en raison de votre état de tension ?

Soufflez pour récupérer (se sentir agressé provoque un stress) et répondez calmement, en regardant votre interlocuteur. La communication est une interaction. Votre calme contribuera à calmer votre interlocuteur et vous démontrerez une certaine maîtrise de vous-même. D'ailleurs, c'était peut-être un test de votre recruteur !

➤ *Que faire si le recruteur reste silencieux ?*

D'abord, sachez que le fameux silence qui vient de s'instaurer vous semble beaucoup plus long (et pesant) qu'il ne l'est en réalité ; c'est l'effet de la tension. Votre recruteur a bien le droit de prendre le temps de réfléchir. Nous avons vu dans le premier paragraphe de ce chapitre que sa mission est délicate !

Néanmoins, si le silence devient insupportable, vous pouvez en profiter pour poser une question (c'est peut-être ce qui est attendu) ou, si vous venez de répondre à une question, proposer de développer : « *Voulez-vous que je développe le dernier point ?* »

Les cas ou mises en situation

Le recruteur peut utiliser les cas ou mises en situation pour évaluer votre capacité d'analyse, votre méthode de résolution des problèmes, votre flexibilité et/ou votre connaissance du terrain.

Les cas sont de plus en plus fréquemment utilisés au cours des entretiens, en particulier pour les postes comprenant :
- une dimension d'accueil ;
- ou de management ;
- ou de résolution de problèmes, notamment dans des contextes de légalité ou de sécurité.

La structure habituelle d'un cas

La structure habituelle d'un cas se présente en trois parties.

– Première partie : le recruteur vous donne des informations à propos de votre fonction et de son contexte : « *Vous êtes… dans tel service…* »

– Deuxième partie : il décrit la situation à étudier ou l'événement : qui fait quoi, comment, où, à quel moment, depuis combien de temps. « *Vous êtes confronté à la situation suivante…* »

– Troisième partie : il vous pose la question : « *Que faites-vous ?* » ou « *Que dites-vous ?* » La première question permet de tester un processus. La seconde teste une aptitude relationnelle.

Traiter le cas

Votre réponse est simple et concrète. On ne vous demande pas de présenter une théorie mais de décrire votre façon de faire. Généralement, votre réponse peut être chronologique : « *D'abord… ensuite… enfin.* » Vous utilisez bien sûr le pronom personnel « je ». Vous évitez de réciter un cours ou de faire la leçon, comme « *il faut…* », « *on doit…* », « *il est recommandé de…* ».

Vous êtes acteur !

■ *Exemple*

Le cas : « *Vous êtes dans tel service, le téléphone sonne. Au bout du fil, un usager se plaint, il vous dit que votre collègue lui a "mal" répondu ; que faites-vous ?* »

Une réponse envisageable : « *Je prends d'abord les moyens et le temps de bien comprendre la situation. Je reformule les propos de l'usager, je lui pose des questions si c'est nécessaire. Si c'était une demande d'informations, je les lui fournis le plus clairement possible, calmement et de façon rassurante.* »

Si vous manquez d'informations pour traiter correctement la situation, vous évitez de faire un commentaire comme « *Oui, mais il manque telle information* » ou « *Vous ne m'avez pas précisé…* ». Posez tout simplement la question « factuelle » qui vous apportera l'élément manquant.

Par exemple : « *Quelle est la dimension de l'équipe ?* » ou « *Est-ce un phénomène nouveau ou récurrent ?* »

Dans certains cas, vous pouvez **contextualiser** votre réponse.

■ *Exemple*

Reprenons l'exemple ci-dessus : vous n'avez pas posé la question « *est-ce un phénomène nouveau ou récurrent ?* » et vous démontrez que vous êtes capable d'imaginer deux contextes différents : « *Si c'est un phénomène nouveau, je… En revanche, si c'est un phénomène récurrent, je…* »

Après avoir écouté votre réponse, le recruteur peut encore poser des questions d'élucidation pour approfondir votre motivation et vos critères de décision.

■ *Exemples*

« Il y avait une autre option possible, à savoir… : l'avez-vous envisagée et, si oui, pourquoi l'avoir éliminée ? »

Ou, tout simplement, la question « pourquoi ? » : *« Pourquoi avoir mis la priorité sur… ? »*, ou *« Pourquoi vouloir agir si rapidement ? »*, etc.

Attention !

Évitez de tomber dans le piège de l'interprétation négative à propos de la question d'élucidation : *« J'ai dû dire une erreur »* **ou** *« Je n'ai malheureusement pas dit ce qu'il voulait entendre »***… Rappelez-vous la finalité de l'entretien : faire connaissance, évaluer vos compétences.**

■ *Exemples*

Reprenons l'exemple du collègue qui avait, selon l'usager, « mal répondu ».

Après votre réponse, le recruteur pourrait vous poser une nouvelle question : *« Mais que dites-vous à propos du collègue ? »* ou *« Oui, mais vous ne nous avez pas dit ce que vous dites à l'usager à propos de votre collègue ! »*

Autre exemple : vous avez fourni une réponse à propos d'un conflit entre deux collaborateurs. Vous avez utilisé le terme « médiateur ». Votre interlocuteur vous demande : *« Qu'entendez-vous par médiateur ? »*

Différents thèmes de cas

Un usager se plaint auprès de vous du travail de l'un de vos collègues.
Un usager se plaint auprès de vous de la réponse donnée par votre supérieur hiérarchique.
L'un de vos collègues ne cesse de vous agresser verbalement.
Vous vous sentez exclu de l'équipe.
Vous n'êtes pas d'accord avec les actes de votre supérieur hiérarchique.
Votre chef ne vous donne pas suffisamment d'informations pour mener à bien vos activités.
Vous vous apprêtez à traiter un dossier et vous vous apercevez que c'est celui de l'un de vos amis.
Vous êtes à l'accueil des usagers ; aujourd'hui, il n'y a que des dossiers délicats et longs à traiter ; la file s'allonge, il fait chaud et les usagers s'énervent.
Nous avons déjà largement parlé du poste ; le jour de votre arrivée, quelles seront vos trois premières actions ?

➤ Pour les candidats à un poste de manager

Un agent vient se plaindre d'être en conflit avec l'un de ses collègues.
Un agent semble démotivé.
Un agent ne respecte pas les règles (retards fréquents…).
Un agent multiplie les erreurs.
Vous avez repéré un conflit entre deux collaborateurs.
Un usager s'est plaint, par téléphone, du comportement de l'un de vos agents (raciste, agressif…).
Vous accueillez un nouvel agent dans votre service.
Quelqu'un manifeste une résistance au changement.
Deux agents veulent prendre une RTT le même jour, mettant ainsi en cause la continuité du service.
Avec la RGPP [1], l'administration évolue. Il y a de nombreux changements et évolutions. En tant que manager, comment conduiriez-vous un changement au sein de votre équipe ?
Avec la RGPP, l'administration évolue. Il y a beaucoup de changements et d'évolutions. En tant que manager, comment annonceriez-vous tel type de changement à votre équipe ?

Les dernières minutes de l'entretien

Vous sentez que l'entretien arrive à son terme.

Ainsi que nous l'avons vu plus haut, c'est le recruteur qui prend l'initiative de mettre fin à l'entretien.

Deux questions à vous poser

Voici deux questions à vous poser pour préparer l'avenir.

➤ La première question

Ai-je suffisamment d'informations pour me projeter dans ce poste ? C'est-à-dire : voyez-vous concrètement ce que vous y ferez ? Les missions sont-elles bien claires ?

1. RGPP : révision générale des politiques publiques.

Si ce n'est pas le cas, vous pouvez :

– soit reformuler ce que vous avez compris : *« En résumé, si je comprends bien... »* et le recruteur validera et ajoutera peut-être spontanément quelques informations ;

– soit poser toutes les questions nécessaires pour éclairer les zones d'ombre.

Naturellement, vous êtes calme, courtois et factuel. Vous évitez : *« Oui, mais vous ne m'avez pas dit »* ou *« vous avez oublié de me préciser... »*

➤ **La seconde question**

Le recruteur a-t-il évoqué les étapes ultérieures et, notamment, la date de sa réponse ?

Si ce n'est pas le cas, demandez : *« Quand pourrez-vous m'informer des suites de cet entretien ? »*

Les ultimes questions du recruteur

Le recruteur a peut-être prévu une ultime question :

« Finalement, selon vous, quels sont vos points forts pour ce poste ? »

« Quel bilan faites-vous de cet entretien ? »

« Votre dernier mot pour me convaincre de retenir votre candidature ? »

« Les candidats sont nombreux ; donnez-moi au moins deux bonnes raisons de vous donner la préférence. »

Grâce au dialogue avec lui, vous connaissez les deux compétences déterminantes pour tenir ce poste. Rassurez votre interlocuteur à propos de celles-ci : *« Parce que je sais... »* ou *« parce que je connais bien... »* ou *« parce que je suis réellement intéressé par tel et tel aspect... »*

Évitez la réponse : *« Je ne sais pas car je n'ai pas vu les autres candidats. »*

Le recruteur peut aussi demander : « Que pensez-vous de ce poste ? » Puisque votre avis est sollicité, donnez-le simplement. Si vous l'estimez intéressant, dites pourquoi. Si vous avez des réserves, exposez-les : *« Je suis perplexe à propos de... »*, ou *« je me demande comment... »* ou *« je crains... »*. Vous obtiendrez probablement des précisions. Si votre profil est vraiment intéressant, le recruteur utilisera peut-être sa marge de manœuvre pour négocier.

Les dernières minutes

Si le recruteur vous tend la main, serrez-la en le regardant et **souriez**.

Remerciez-le pour son accueil. Si vous êtes très motivé, dites-le : *« Nos échanges confortent mon intérêt pour ce poste et j'espère vraiment que vous retiendrez ma candidature. »*

Sortez dignement, c'est-à-dire sans précipitation.

Attention !

L'évaluation n'est vraiment terminée que lorsque vous êtes à l'extérieur ! Sur le pas de la porte, alors que vous commencez à vous détendre, votre interlocuteur peut encore vous poser une dernière question : restez professionnel. Il peut aussi demander au personnel qui vous a fait patienter ou auquel vous avez parlé (pour demander la sortie) de donner son avis.

Vous préparer

Au fil des paragraphes précédents, vous avez pris connaissance des composantes de l'entretien. Pour vous y préparer, nous vous proposons neuf conseils.

Solliciter votre réseau

Une fois de plus ! Pourquoi ? Pour obtenir des informations sur la culture du service, le style de management, les préoccupations du moment… Et pouvoir ainsi :
- confronter ces informations avec la description du poste ;
- détecter ce que vous pouvez et devez mettre en valeur ;
- préparer des questions.

Passer en revue votre CV et votre lettre de candidature

Regardez ces deux documents avec un œil neuf, celui du lecteur-recruteur qui découvre votre parcours (relisez, si nécessaire, le premier paragraphe de ce chapitre). Avec cette nouvelle « paire de lunettes », vous allez pouvoir anticiper certaines questions, voire des objections.

Procédez à la vérification suivante. Pour tous les services dans lesquels vous avez travaillé, êtes-vous capable de :
– citer les missions du service (avec des verbes) ;
– donner un périmètre (territoire couvert ou budget ou nombre de dossiers, etc.). Nous avons vu cette notion dans le chapitre 2.

Pour chaque terme « technique », êtes-vous capable de :
– donner une définition ;
– proposer une illustration ;
– et, si le sujet s'y prête, un avis ?

■ *Exemples*

Une candidate était assistante dans un service chargé du suivi des personnes bénéficiant d'une mesure d'injonction thérapeutique.

Non seulement le recruteur lui a demandé : *« Qu'est-ce qu'une injonction thérapeutique et qui peut en bénéficier ? »* Mais encore : *« La récente affaire X a reposé la question des risques de récidive : quelle est votre opinion là-dessus ? »*

Un candidat travaillait avec les collectivités territoriales ; on lui a posé la question : *« Qu'est-ce qu'une collectivité territoriale ? »* puis *« Où en est la France dans le processus de décentralisation ? »*.

Ce type de questions permet à votre interlocuteur de mesurer :
– votre rigueur (vous savez de quoi vous parlez) ;
– votre degré d'investissement (vous cherchez à connaître votre environnent, au-delà des tâches qui vous sont attribuées) ;
– la clarté de votre expression, voire votre sens pédagogique, très utile pour les postes d'accueil mais aussi de management ;
– votre aptitude à argumenter (si on vous demande votre avis).

Préparer l'intervention répondant à l'invitation *« présentez-vous »*

Pour parer à l'éventuelle invitation *« présentez-vous »*, nous vous conseillons de mettre au point une présentation d'une durée maximale de deux minutes. Il va donc falloir vous chronométrer.

Vous évitez d'y reprendre votre CV puisque le recruteur l'a sous les yeux.

➤ Qu'allez-vous dire ?

– Vous rappelez votre situation actuelle ;
– puis vous évoquez votre motivation en évoquant adroitement les compétences que vous détenez et qui sont en adéquation avec celles du profil attendu.

Ce bref exposé est donc plus proche de la lettre de motivation que du CV.

Il doit donner envie de vous poser des questions que vous avez bien sûr anticipées, ainsi que nous l'avons vu plus haut.

➤ Comment allez-vous dire tout cela ?

Avec un style dynamique et direct : les conseils donnés dans le chapitre 5 à propos de la lettre de motivation sont valables ici aussi.

Foire aux questions

➤ *J'ai récemment passé un concours, j'y ai présenté un exposé de carrière : puis-je le reprendre ?*

Oui, mais très partiellement. Les exposés faits devant les jurys de concours sont plus longs (entre cinq et dix minutes). Ils s'inscrivent dans un cadre très général de compétences attendues pour accéder à un certain grade. Ici, vous visez un poste précis.

➤ *Est-ce que c'est la reprise de la lettre de motivation ?*

Certes, l'esprit est le même : prouver que vous avez les compétences attendues ; mais vous pouvez donner plus d'informations que dans la lettre qui est courte.

■ *Exemples*

Exposés de moins de deux minutes en réponse à l'invitation « présentez-vous »

Illustration 1 : cadre A – 6 ans d'expérience

Le poste proposé se situe dans un service en cours de restructuration.

« Depuis la sortie de l'IRA, il y a six ans, j'ai occupé deux postes dans des environnements très différents : d'abord en administration centrale puis dans une direction départementale.

Le poste de X que vous proposez m'intéresse car je pourrai y mettre à profit les compétences que j'ai acquises dans un contexte qui me motive : celui d'une restructuration.

En administration centrale, au bureau des ressources humaines, j'ai traité le dossier des personnels travaillant à l'international. L'enjeu était de resserrer les liens avec le ministère pour que l'expatriation ne soit pas pénalisante pour leur carrière.

J'ai proposé plusieurs mesures, dont la réalisation systématique d'entretiens annuels d'évaluation ainsi que la création d'un poste de référent.

J'ai fait évoluer les choses par la négociation et je les ai ensuite formalisées.

Actuellement, je suis chef de cellule V dans une direction départementale. J'anime une équipe de huit personnes. Notre mission est double : contrôler la légalité des procédures Y et apporter du conseil aux communes. Avec mon équipe, j'ai répertorié les besoins de nos interlocuteurs et nous avons créé des outils pour y répondre en raccourcissant les délais. Les compétences de mes co-équipiers sont variées et techniquement pointues. L'équipe est maintenant plus réactive car tout le monde travaille en synergie, avec des relations plus fluides.

Maintenant que l'organisation est opérationnelle, je souhaite trouver ce que j'appelle un « nouveau chantier » et le poste que vous proposez me semble très intéressant de ce point de vue. »

Commentaire

Le candidat évoque sa motivation pour le poste au début (« contexte qui me motive ») puis à la fin (« nouveau chantier »).

L'intervention est structurée ; le candidat évoque deux points : il met en valeur les qualités requises dans l'offre (organisation, force de proposition, animation d'équipe) et les réalisations dont il aimerait pouvoir parler.

Il a effectué des choix. Par exemple, au bureau des ressources humaines, il a proposé d'autres mesures, mais l'énumération aurait été fastidieuse. Il en a choisi deux et les autres apparaissent dans le CV. Il y a aussi animé une équipe mais il ne l'évoque pas, pour mettre en valeur l'autre expérience d'encadrement, jugée plus valorisante.

Illustration 2 : cadre B – 20 ans d'expérience

« Je travaille au ministère X depuis quinze ans. Je suis acheteur agro-alimentaire. Au fil du temps, mon poste a évolué grâce à la confiance accordée par mon responsable hiérarchique qui est régulièrement sollicité pour d'autres missions. Je suis passé du lancement et du suivi des commandes à trois missions plus complexes et passionnantes.

– Une mission technique et juridique : la conception de cahiers des charges et le lancement de marchés publics; j'ai ainsi suivi une formation au Code des marchés publics.

– Une mission d'expert : j'ai réalisé un audit fournisseur. J'ai participé à plusieurs groupes de travail en tant que référent technique pour la recherche de nouveaux fournisseurs.

– Enfin, une mission qualité : j'ai participé à la mise en place d'enquêtes de satisfaction auprès des utilisateurs puis j'ai proposé des tests sur le terrain.

Aujourd'hui je souhaite continuer à exercer ce métier d'acheteur mais dans un environnement différent.

Au début de ma vie professionnelle, j'ai été chef d'équipe dans un atelier de production pendant deux ans. J'ai créé et j'anime un club de sport. J'ai suivi une formation au management d'équipe et à la comptabilité des associations pour assurer pleinement mes fonctions de dirigeant.

L'encadrement d'une équipe correspond à l'évolution que je souhaite donner à ma carrière.

La situation géographique du poste que vous proposez est un élément supplémentaire de motivation, puisque je suis originaire de cette région. »

Commentaire

L'exposé est structuré autour des deux dimensions de l'offre, achat et management :
– l'expérience d'acheteur, la motivation pour continuer à exercer le métier;
– la dimension « management » : deux arguments pour rassurer le recruteur – la courte et ancienne expérience renforcée par l'évocation d'une responsabilité extra-professionnelle actuelle;
– la motivation pour cette nouvelle dimension, cohérente avec le projet de carrière;
– la « cerise sur le gâteau » : la situation géographique.

Les réalisations évoquées susciteront probablement des questions à propos des démarches qui y sont associées : comment le candidat s'y est-il pris?

Préparez la réponse à la question : *« qu'avez-vous retenu à propos du poste proposé »*?

Cette question peut vous être posée en amorce, dès le début de l'entretien, ou un peu plus tard.

Elle permet au recruteur d'apprécier votre représentation (juste ou non) du poste.

C'est une question facile puisque vous pouvez vous y préparer.

Votre réponse est évidemment synthétique. Démontrez que vous avez compris le sens, la finalité du poste. Vous évitez les interprétations ; vous restez factuel. Vous pouvez aussi préparer la question que vous poserez à l'issue de cette reformulation.

Prévoyez votre propre mode de gestion du trac

De quoi s'agit-il ? Qu'en faire ?

Le trac est un phénomène parfaitement compréhensible. Il survient avec une intensité variable lorsque nous nous apprêtons à réaliser quelque chose et que nous estimons y avoir un enjeu fort.

Le trac suscite des sensations physiques désagréables et inhibe certaines personnes. Paradoxalement, il constitue une ressource car il fournit de l'énergie.

Vous avez par conséquent tout intérêt à apprendre à gérer votre trac pour bénéficier de l'énergie. Le supprimer vous priverait de cette ressource.

Nous vous donnons ci-dessous quelques astuces pour franchir une étape décisive : ne plus avoir peur du trac. Lorsqu'il se manifestera, vous constaterez tout simplement qu'il est temps de mettre en œuvre vos astuces de gestion.

Des trucs et astuces

➤ Prenez un peu de **recul** : peut-être vous mettez-vous un peu trop de pression ? Bien sûr, vous avez très envie de décrocher ce poste mais l'enjeu n'est probablement pas vital.

Envisagez le pire : quand bien même vous ne seriez pas retenu, que vous arriverait-il ?

➤ Remplacez vos pensées « limitantes » par des **pensées facilitantes** et focalisez-vous sur votre envie et votre objectif.

Si vous tenez un discours intérieur comme celui-ci : « *Je suis certain de ne pas réussir parce je n'ai jamais été brillant à l'oral, parce que je n'ai pas tout à fait les compétences, etc.* », vous êtes encombré par des pensées « limitantes » qui risquent de vous empêcher de réussir.

En effet, nos pensées génèrent nos comportements.

Voyons de plus près le risque : dès le début de l'entretien, avec une satisfaction masochiste, vous interpréterez tous les signes comme des preuves que vous aviez raison de prévoir l'échec et vous vous enfoncerez dans une spirale négative ! Vous réaliserez votre auto-prédiction.

Commencez par démonter ces pensées. Elles ont le chic pour paraître très logiques car elles contiennent une déduction sous la forme d'un « donc ». Installez ensuite une pensée de remplacement « facilitante ».

■ *Exemple*

La pensée limitante est : *« Lorsque je me suis présenté pour un poste, j'étais très mal à l'aise et d'ailleurs je n'ai pas été retenu. Je vais encore être mal à l'aise et je vais encore échouer. »*

Voici comment démonter la pensée : qu'est-ce qui vous prouve que votre mal-être a été aussi visible et, surtout, aussi déterminant dans votre élimination ? Peut-être n'aviez-vous pas exactement le profil ? Qu'est-ce qui vous prouve que vous aurez en face de vous le même type d'interlocuteur ? La communication est une interaction. Avec quelqu'un d'autre, votre comportement sera probablement différent. Vous étiez-vous bien préparé ? Si cette fois-ci, vous vous préparez mieux, vous vous sentirez plus sûr de vous.

La pensée de remplacement peut être : *« Depuis ce fameux entretien, j'ai pris le temps d'analyser ce qui s'est passé. Je n'étais pas à l'aise pour parler de moi. Je m'y suis entraîné. Je sais que chaque nouvelle entrevue correspond à une relation différente. Dans d'autres entretiens, je suis à l'aise ; par exemple, quand je fais des comptes rendus d'activités à mon supérieur hiérarchique. Je m'appuierai désormais sur ces compétences prouvées car j'ai envie de réussir. »*

Cette nouvelle pensée sera d'autant plus facilitante qu'elle est aussi axée sur le projet : *« J'ai envie. »*

➤ Utilisez la « **visualisation positive** ».

La visualisation positive est une technique d'auto-programmation des comportements qui mènent au succès, le jour J. Elle nous permet d'adopter spontanément ces comportements. C'est un sérieux antidote des pensées limitantes.

Prenez le temps de construire concrètement le film de votre entretien : que voyez-vous ? Qu'entendez-vous ? Que ressentez-vous ? Pour chaque étape du face à face, que faites-vous pour réussir ? La mémoire est incapable de différencier ce que nous avons déjà fait et ce que nous n'avons pas encore fait mais auquel nous avons pensé de manière précise, concrète et scénarisée.

■ *Exemple*

Vous pouvez lire ci-dessous le récit d'une visualisation positive.

« J'arrive devant mon interlocuteur, je lui souris ; il me tend la main, je tends la mienne. Je lui dis 'Bonjour Monsieur' (ou Madame) et j'entends que ma voix est bien posée et agréable. Je m'assois et je sens que je m'installe confortablement, je mets le dos contre le dossier de la chaise, cela me rassure. Pour répondre à l'invitation 'Présentez-vous' je prends une grande inspiration ; je revois les mots-clés que j'ai préparés pour cette intervention. J'entends que ma voix est posée et mon débit mesuré. Je regarde mon interlocuteur. J'entends une première question, je prends le temps de souffler pour répondre et effectivement je m'entends répondre posément. Une autre question arrive, plus difficile, je souffle d'autant mieux. Je prends le temps de faire appel à ma mémoire. Maintenant je dois aborder un point délicat. Je sens une détermination tranquille car j'ai plusieurs fois envisagé comment répondre à la question… »

Vous constatez que vous pouvez introduire dans votre récit des phases difficiles pour en programmer la gestion *ad hoc*.

➤ Adoptez une technique de **relaxation**.

Nous vous conseillons de vous familiariser avec une technique de relaxation : la respiration abdominale, par exemple.

Imaginez que votre ventre est un ballon de baudruche. Lorsque vous inspirez, il se gonfle (comme si l'air allait s'y loger plutôt que dans les poumons) ; quand vous expirez, vous contractez les abdominaux. Vous expirez longuement en prenant conscience de l'élimination des contractures et même, si besoin, des pensées limitantes. Le ballon se dégonfle.

Pour acquérir la méthode, allongez-vous et posez la main sur le ventre ; vous pouvez ainsi contrôler l'efficacité de votre mouvement : votre main monte et descend. Inspirez par le nez et soufflez par la bouche.

En gonflant et dégonflant le ventre, vous faites monter et descendre le diaphragme et il exerce une sorte de massage sur le plexus où se logent les tensions.

Lorsque vous aurez bien assimilé le mouvement, vous pourrez le pratiquer discrètement et tout aussi efficacement. Ainsi, pendant l'entretien, chaque fois que l'émotion reviendra ; à la suite d'une question déstabilisante, par exemple.

➤ **Entraînez-vous** à répondre à quelques-unes des questions listées plus haut (pages 107-109). Vous pourrez aussi en ajouter d'autres.

L'entraînement permet de dédramatiser l'opération et d'acquérir des réflexes valables ensuite pour toute question.

➤ **Survolez les fiches** utilisées pour votre **bilan de carrière**.

En survolant les fiches utilisées (voir chapitre 2) pour votre bilan de carrière, vous replacerez en mémoire immédiate des faits qui constitueront des « preuves » en réponse à certaines questions.

■ *Exemple*

« Êtes-vous capable de prendre des initiatives ? » Répondre affirmativement semble évident mais il faut surtout argumenter ; l'évocation d'un fait survenu dans un poste aura valeur d'argument.

« Oui, d'ailleurs, lorsque j'étais dans tel poste, à l'occasion de tel événement, j'ai... »

➤ Utilisez les ressources de l'**optimisme**.

Avant l'entretien, remettez-vous en mémoire les éléments constituant votre motivation, c'est-à-dire les avantages que vous tirerez de l'obtention de ce poste. Cette mise en condition favorisera une attitude avenante vis-à-vis des personnes que vous rencontrerez et, en retour, leur donnera plus envie d'être agréables. La bonne humeur améliorera aussi votre fluidité pour trouver la réponse aux questions.

➤ **Prenez votre temps** pour vous rendre sur les lieux de l'entretien.

Si vous marchez vite, vous accélérez votre rythme cardiaque et les phénomènes désagréables liés au trac s'amplifient.

De même, si vous avez dû patienter assis, levez-vous relativement lentement lorsqu'on vous appelle.

➤ Pour gérer votre trac, **abandonnez le fatalisme**.

Commencez par un état des lieux : quand avez-vous le trac ? Comment se manifeste-t-il ? Recherchez ensuite les petites astuces susceptibles de vous aider. Testez-les puis ajustez votre processus. Chacun a sa propre méthode, résultat d'un travail d'analyse et d'écoute de soi.

Retenir l'essentiel

L'entretien de recrutement a une tonalité particulière ; sa raison d'être est l'**évaluation réciproque**. A son issue, le recruteur évalue l'adéquation entre vos compétences et le profil recherché pour le poste et, de votre côté, vous évaluez l'adéquation du poste avec votre projet professionnel.

Vivez-le donc dans un esprit « gagnant/gagnant ».

Une préparation sérieuse et pragmatique vous procurera plus d'aisance.

Récapitulons ce que vous pouvez anticiper :

– une courte présentation ;
– la synthèse du poste proposé ;
– la réponse aux questions que pourraient susciter votre CV et la lettre de motivation ;
– la réponse aux questions « classiques » ;
– vos questions à propos du poste ;
– votre gestion du trac, pour qu'il devienne une ressource.

Tout au long de l'entretien, écoutez attentivement le recruteur et posez toutes les questions qui vous semblent utiles. Les réponses comme l'absence de réponses sont autant d'éléments qui vous permettront de prendre une décision en connaissance de cause.

La relation que vous développez avec le recruteur sera évaluée comme un reflet de vos **capacités relationnelles**.

Des situations concrètes peuvent vous être soumises, ce sont les « cas » ou « mises en situation » : c'est le moment de démontrer votre sens des réalités !

Attention !

Chaque chose en son temps !
Vous réaliserez votre propre évaluation à l'issue de l'entretien et non pendant...
Vouloir être à la fois « dedans » et « dehors » nuirait à votre concentration !

Chapitre 7

Après l'entretien

L'entretien est terminé. Vous avez peut-être l'impression d'être au terme du parcours, mais ce n'est pas encore tout à fait le cas…

Dans ce chapitre, nous vous proposons d'abord de prendre un peu de temps pour dresser un bilan de l'entretien ainsi que de l'ensemble du processus de recrutement.

Puis, nous envisagerons la suite de vos relations avec le recruteur.

Nous terminerons en évoquant votre moral ainsi que votre prise de poste.

Dresser un bilan

L'entretien terminé, accordez-vous une bonne détente pour prendre du recul. Puis, le lendemain, dressez un bilan de l'entretien ainsi que de l'ensemble du processus.

Vous trouverez sur la page suivante une fiche à triple finalité :
– première finalité : vous aider à faire un bilan en distinguant les éléments objectifs (le factuel) et les éléments subjectifs (le ressenti) ;
– deuxième finalité : vous inciter à tirer des leçons de l'expérience vécue à chacune des étapes – la sélection de l'offre, le CV, la lettre de motivation et l'entretien ;
– troisième finalité : vous aider à prendre une décision éclairée en cas de réponse positive. Dans une zone de la fiche intitulée « avenir », vous réfléchirez aux conséquences qui seraient générées par votre acceptation. Cette

réflexion pourrait vous amener à renoncer à un poste pourtant très séduisant… en raison d'impacts trop négatifs.

Vous trouverez, après la fiche, des commentaires à propos des différentes rubriques.

🗎 Fiche de bilan

Le bilan	**1. Le factuel**	Ce que je sais des missions Ce que je sais de l'environnement Réponse attendue pour le…
	2. Mon ressenti	Vis-à-vis du poste et de son environnement Concernant la relation avec le recruteur et avec mon futur supérieur hiérarchique (si ce sont deux personnes différentes)
	3. En conclusion	☺ Points positifs du poste ☹ Points négatifs du poste
	4. Les leçons de l'expérience pour l'ensemble du processus	Dans un cas similaire, je referais… J'éviterais… Conclusion pour la suite de ma recherche, en cas de réponse négative
L'avenir	**5. ☺ Les impacts positifs en cas de réponse positive**	
	6. ☺ Les impacts positifs en cas de réponse négative	
	7. En conclusion, ma décision	Si je suis sélectionné…

Commentaire à propos des rubriques de la fiche de bilan

La rubrique 1 est factuelle : vous y reprenez simplement les informations que vous avez obtenues.

Dans la rubrique 2, vous reportez votre ressenti, vos déductions et vos projections à partir des faits. Comment le poste se situe-t-il par rapport à vos critères et à votre objectif (notions vues dans le premier chapitre) ?

La rubrique 3 recueille, en conclusion, ce que vous avez produit dans les deux rubriques précédentes.

La rubrique 4 se situe dans un autre registre. Il ne s'agit plus du poste lui-même, mais des leçons que vous tirez de cette expérience depuis la sélection de l'offre jusqu'à l'entretien.

■ *Exemple*

« La prochaine fois, je mettrai mieux en valeur telle compétence sur mon CV » ou « je raccourcirai ma présentation » ou « je poserai telle question ».

Avec les rubriques 5 à 7, vous entrez dans un processus de décision raisonnée pour éviter de vous laisser influencer par vos émotions ou par un seul aspect attractif. Vous vous projetez dans l'avenir en inventoriant tous les impacts, aussi bien positifs que négatifs, qui découleraient de l'acceptation du poste.

→ Remarque

Par souci pédagogique, nous vous présentons la démarche sous forme d'un tableau. En réalité, vous ne le remplirez probablement pas. Vous vous inspirerez simplement des différentes rubriques pour mener votre réflexion. C'est la démarche qui est importante !

La suite des relations avec le recruteur

En principe, c'est le recruteur qui reprend contact avec vous pour vous donner sa réponse et vous inviter à donner la vôtre. Mais il y a quelques exceptions à ce principe.

➤ **Vous êtes particulièrement motivé** pour le poste et vous voudriez le prouver au-delà de l'entretien. Ou bien, vous êtes très motivé mais vous n'êtes pas certain de l'avoir suffisamment démontré.

Vous pouvez adresser un bref courriel au recruteur, le jour même ou le lendemain.

En voici les grandes lignes :
– remerciements pour l'accueil ;
– confirmation de la motivation ou du grand intérêt pour le poste, avec un argument ;
– proposition de fournir toute information complémentaire.

➤ A la date convenue pour la réponse, **vous n'avez pas de nouvelles** et vous êtes inquiet ou impatient.

Deux jours plus tard, vous pouvez effectuer une **relance** courtoise (donc dépourvue de tout reproche!), par courriel plutôt que par téléphone car c'est moins envahissant. Relancer peut constituer une preuve supplémentaire de votre motivation.

■ *Exemple*

« Ce message s'inscrit dans le prolongement de notre entretien du... Je vous confirme que je suis toujours très intéressé par le poste de...

Je suis à votre disposition pour vous adresser toute information complémentaire ou pour une nouvelle rencontre. »

Votre moral

Vous n'avez pas été retenu

Vous n'avez pas été retenu et vous êtes bien sûr très déçu si votre motivation était forte. Rappelez-vous cependant que le « verdict » qui vient de tomber n'est en aucun cas un jugement négatif sur votre personnalité ou vos compétences. Votre profil ne correspondait pas suffisamment à celui qui était recherché, ou quelqu'un avait un profil encore plus proche, ou avait un « plus »...

Vivez votre émotion et reprenez vos recherches, tel un sportif, gardez les bénéfices de l'entraînement.

Vous n'avez pas été retenu et vous êtes très surpris

Vous vous attendiez à une réponse positive : l'entretien s'était très bien passé. Le recruteur vous avait laissé entendre ou même vous avait dit que votre candidature correspondait très bien au profil recherché et, pourtant, vous avez reçu une réponse négative laconique. Vous avez envie de savoir pourquoi!

Vous pouvez recontacter la personne qui vous a reçu pour lui dire que vous prenez acte de sa décision et que vous aimeriez connaître vos points faibles, afin de progresser. Selon le contexte, vous utiliserez le téléphone ou le courrier électronique. Vous pouvez demander un rendez-vous. Certains répondent, d'autres non, mais... « qui ne demande rien n'obtient rien ».

Cette démarche convient surtout lorsque vous avez eu deux entretiens, c'est-à-dire lorsque vous aviez franchi avec succès une première sélection.

Vous avez été candidat sur plusieurs offres et vous n'avez jamais été sélectionné

Le découragement vous guette ?

Si vous ne l'avez pas encore fait, il est temps de prendre contact avec la cellule d'accompagnement de la mobilité dont vous dépendez. Les professionnels qui s'y trouvent vous aideront à analyser la situation et vous apporteront des conseils éclairés, non seulement à propos des outils (CV et lettre de motivation) mais encore à propos des compétences à acquérir pour mieux correspondre avec les profils recherchés ou le type de postes accessibles.

Retenir l'essentiel

Après l'entretien, vous êtes encore acteur pour :
- établir un bilan et tirer les leçons de l'expérience ;
- éventuellement reprendre contact avec votre interlocuteur ;
- prendre une décision raisonnée si le poste vous est effectivement proposé ;
- continuer la recherche si vous n'avez pas été sélectionné.

Conclusion et perspectives

Une mobilité est un changement et tout changement comporte une forte dimension émotionnelle. L'aborder avec méthode vous apportera non seulement de l'efficacité mais aussi de la sérénité.

La finalité de cet ouvrage est de vous accompagner pour réussir la première étape de la mobilité : obtenir un nouveau poste.

L'étape suivante est celle de la **transition**. Une période parfois un peu difficile : il faut quitter ce qui est connu et rassurant pour assurer la prise de fonction dans un nouvel environnement.

Pour **réussir dans votre nouveau poste**, voici cinq conseils.

- En cas de doute sur vos capacités à occuper le poste, rappelez-vous que vous avez été **choisi** et que votre recruteur a évalué vos compétences. Vous n'êtes pas là « par hasard » !

- Quand vous rencontrez une difficulté, formulez une demande d'**aide précise** (plutôt que des signes de découragement). Votre nouveau responsable a tout intérêt à vous répondre pour accélérer votre intégration et votre montée en efficience.

- Entrez dans le **cercle vertueux** de l'analogie qui consiste à vous appuyer constamment sur vos acquis : « *J'ai déjà réalisé cela ou quelque chose de très similaire… je vais donc savoir le faire.* » Ce raisonnement renforce la confiance en soi, dynamise et entraîne la réussite.

- Dotez-vous d'un moyen pour mémoriser la multitude d'informations nouvelles et ainsi éviter les oublis et/ou la répétition contrariante d'une même question. Vous pouvez, par exemple, constituer une fiche « **faits marquants** » au fil de la journée ou au terme de celle-ci. Vous trouverez en annexe, page 137, un exemple de fiche de ce type.

• Mettez au point un **plan d'action**. Vous ne pouvez pas tout maîtriser tout de suite, alors détectez les compétences à acquérir prioritairement et échelonnez vos acquisitions avec un plan d'action. Nous en avons vu le principe dans le chapitre 1.

La transition, dernière étape de votre mobilité, sera terminée lorsque vous vous sentirez à l'aise dans votre poste. Celle-ci est plus ou moins longue, selon les personnes et les contextes.

Annexe
Un outil pour faciliter la prise de poste : la fiche « faits marquants »

■ *Exemple*

Au cours de la journée, vous avez été confronté à une situation nouvelle : l'annulation d'une réservation deux jours avant l'échéance.

Démuni, vous avez interrogé un collègue qui vous a indiqué la procédure : d'abord enregistrer l'annulation dans la base Y, puis éditer le courrier référence Z.

En réalisant l'opération, vous avez constaté que vous n'étiez pas encore bien à l'aise avec la base Y et vous avez pensé qu'il serait judicieux de vous y entraîner ; vous vous êtes aussi demandé ce qu'il conviendrait de faire dans le cas d'une annulation le jour même.

Vous avez reporté tous ces éléments sur la fiche « faits marquants ». Ainsi, si vous avez dans quelque temps la même situation à traiter, vous pourrez le faire correctement et tranquillement. Si vous avez un peu de temps disponible, vous l'utiliserez pour vous entraîner sur Y.

Tout ce que nous venons de décrire est reporté *en italique* dans le tableau ci-dessous. La quatrième colonne comporte des mots-clés qui faciliteront plus tard le repérage des informations.

Une fiche « faits marquants »

1 **Situation traitée Problème rencontré**	2 **Traitement ou solution**	3 **Commentaire et perspectives**	4 **Mots-clés**
Description simple de la situation. Réponse aux questions : Qui ? Quoi ? Où ? Quand ? Comment ?	Quelques mots-clés pour décrire le processus, citer les outils et le nom des personnes ressources.	Les mises en garde (attention à…). Les axes de progrès : savoirs, savoir-faire et savoir être à développer pour atteindre l'autonomie. Les questions à poser pour mieux comprendre le sens de ce qui a été fait.	Les mots-clés pour retrouver rapidement les informations.
Exemple : *annulation d'une réservation deux jours avant l'échéance par…*	*– d'abord enregistrer dans la base Y…* *– éditer le courrier référence Z…*	*– m'entraîner à utiliser l'outil W ;* *– demander* « que se passerait-il si...? »	*Annulation résa* *Outil W*